KADDISH POUR L'ENFANT QUI NE NAÎTRA PAS

DU MÊME AUTEUR

Etre sans destin, Actes Sud, 1998.
Un autre. Chronique d'une métamorphose, Actes Sud, 1999.
Le Refus, Actes Sud, 2001
Le Chercheur de traces, Actes Sud, 2003.

Titre original :
Kaddis a meg nem született gyermekért
Editeur original :
Magvetö Kiadó, Budapest

ISBN 2-7427-4598-X

Illustration de couverture :
Elihu Vedder, *Mémoire* (détail), 1870
Los Angeles County Museum of Art

IMRE KERTÉSZ

KADDISH POUR L'ENFANT QUI NE NAÎTRA PAS

roman traduit du hongrois par
Natalia Zaremba-Huzsvai et Charles Zaremba

BABEL

... streicht dunkler die Geigen dann steigt ihr als
Rauch in die Luft
dann habt ihr ein Grab in den Wolken da liegt man
nicht eng

CELAN, *Todesfuge.*

"... assombrissez les accents des violons alors vous montez
en fumée dans les airs
alors vous avez une tombe dans les nuages on n'y est pas
à l'étroit."

CELAN, *Fugue de mort.*

“Non !” – dis-je immédiatement, tout de suite, sans hésiter, pour ainsi dire instinctivement, car il est désormais naturel que nos instincts agissent contre nos instincts, que pour ainsi dire nos contre-instincts agissent à la place de nos instincts, et même les supplantent – je fais de l’esprit, si toutefois on peut considérer cela comme un trait d’esprit, en d’autres termes, si on peut considérer que la vérité pitoyable et nue est un trait d’esprit –, dis-je donc au philosophe qui venait vers moi, après que nous nous fûmes, lui et moi, arrêtés net dans cette forêt mourante rongée par la maladie, peut-être la tuberculose, et qu’on croirait entendre haleter, cette hêtraie, ou comment la nommer : j’avoue mon ignorance totale en matière d’arbres, je reconnais tout juste les sapins, à cause de leurs aiguilles, et puis les platanes, parce que je les aime et malgré mes contre-instincts, je sais encore reconnaître ce que j’aime, bien que ce soit sans cette violence qui me frappe en pleine poitrine, me noue l’estomac, me fait bondir et me galvanise, avec laquelle je reconnais ce que je hais. Je ne sais pas pourquoi avec moi, il en va toujours et partout autrement qu'avec les autres, et à vrai dire, même si je le sais peut-être, il est plus simple que je croie ne pas le savoir. Cela m'épargnerait beaucoup d'explications. Mais il est visiblement impossible d'échapper aux explications, nous passons notre temps à expliquer et à nous expliquer ; la vie, cet inexplicable complexe de présences et de sensations, exige de nous des explications, notre environnement exige des explications, et pour finir, nous exigeons des explications de nous-mêmes, jusqu'à ce que nous réussissions à tout anéantir autour de nous, y compris nous-mêmes, c'est-à-dire à nous expliquer à mort – expliquai-je au philosophe, avec sur mes lèvres ce besoin dégoûtant mais irrésistible de parler quand je n'ai rien à dire, et qui est de même nature, je le crains, que mon habitude de donner des pourboires généreux aux garçons de café, aux chauffeurs de taxis ou aux personnes semi-officielles quand je veux les soudoyer, etc., et aussi que ma politesse exagérée, exagérée jusqu'à l'abnégation, comme si j'implorais sans cesse qu'on me laisse exister, mener cette existence. Mon Dieu. J'étais tout simplement parti faire une promenade en forêt – tant pis si ce n'était qu'une minable chênaie –, pour prendre l'air – tant pis si cet air était quelque peu vicié –, pour m'aérer la tête, comme on dit, parce que cela sonne bien si on ne considère pas le sens des mots, parce que si on le considère, alors, n'est-ce pas, ces mots n'ont aucun sens, tout comme ma tête n'a pas besoin d'être aérée, au contraire, je suis très sensible aux courants d'air ; c'est ici que je passe – que je passais – mon temps, provisoirement (et maintenant, je ne vais pas développer les possibilités qu'offre ce mot), au cœur de ces collines de Hongrie, dans une maison, appelons-la maison de repos, bien qu'on puisse y travailler (il est vrai que je travaille tout le temps, et je ne le fais pas seulement pour assurer ma subsistance, car si je ne travaillais pas, *j'existerais*, et si j'existais, je ne sais pas à quoi cela m'obligerait, alors il vaut mieux que je ne le sache pas, bien que mes cellules et mes entrailles s'en doutent, puisque c'est pour cela que je travaille sans relâche : tant que je travaille, je suis, si je ne travaillais pas, qui sait si je serais, alors que cela, je le prends au sérieux, et je dois le prendre au sérieux, parce que c'est là que se trouvent les interdépendances les plus sérieuses entre ma subsistance et mon travail, c'est évident), dans une maison, donc, où j'avais gagné le droit de séjourner en l'honorable compagnie d'intellectuels du même tonneau que je ne peux pas éviter même si je me tapis sans bruit dans ma chambre – où seul le cliquetis de ma machine à écrire trahit le secret de ma cachette –, j'ai beau me faufiler sur la pointe des pieds dans les couloirs, il faut bien manger, et alors mes compagnons de tablée me cernent de leur présence impitoyable, il faut bien aussi se promener, et alors voilà, je rencontre, au beau milieu de la forêt, lourdaud et déplacé, avec sa casquette à visière, beige et brune à carreaux, son raglan flottant, ses minuscules yeux blafards, son grand visage semblable à une pâte souple, pétrie, et déjà levée – M. Obláth, le philosophe. Il exerce ce métier dans le civil, c'est écrit en toutes lettres sur sa carte d'identité, c'est-à-dire que M. Obláth est un philosophe au même titre qu'Emmanuel Kant, Baruch Spinoza ou Héraclite d'Ephèse, exactement comme moi, je suis écrivain et traducteur, et je ne vais pas me ridiculiser en me réclamant des géants qui furent de véritables écrivains et – parfois – de véritables traducteurs, parce que je suis suffisamment ridicule sans cela, avec mon métier, et parce que pour certains – surtout pour les institutions, mais aussi à mes propres yeux, pour des raisons certes différentes – le travail de traducteur peut donner à mes activités une apparence d'objectivité et de légitimité.

"Non !" – cria, hurla en moi quelque chose, immédiatement, tout de suite, lorsque ma femme (qui ne l'est d'ailleurs plus depuis longtemps) orienta la conversation vers lui – vers toi – et mon cri a mis de longues années à s'apaiser, oui, pour ne laisser qu'un mal de vivre mélancolique, comme la furie d'Odin au cours du fameux adieu, jusqu'à ce que, émergeant des brumes du son mourant des instruments à cordes, lentement et malicieusement, comme une maladie latente, une question se dessine en moi, et cette question, c'est toi, ou pour être plus précis, c'est moi remis en question à travers toi, ou pour être encore plus précis (et là, M. Obláth était en gros d'accord avec moi) : *mon existence considérée comme la possibilité de ton être*, c'est-à-dire que je suis un assassin, si on veut pousser la précision jusqu'au bout, jusqu'à l'absurde, et c'est possible avec un minimum de masochisme, puisque, Dieu merci, il est trop tard, il sera toujours trop tard, tu n'es pas là, alors que moi, je me sens en parfaite sécurité, puisqu'en disant non, j'ai tout détruit, tout réduit en poussière, surtout mon mariage éphémère et malheureux, dis-je à M. Obláth, docteur en philosophie, avec cette indifférence que la vie n'a jamais su m'apprendre, mais que je pratique aisément en cas de besoin absolu. Et là, il le fallait, parce que le penseur était d'humeur songeuse en venant vers moi, je l'avais vu tout de suite à sa tête légèrement penchée sur le côté, coiffée d'une casquette à visière canaille, comme un bandit de grand chemin farceur qui se demande après avoir vidé quelques verres s'il doit me tuer ou m'échanger contre une rançon, mais bien sûr – j'ai failli dire : hélas –, Obláth était à cent lieues de se poser cette question, un philosophe n'a pas coutume de méditer sur le brigandage, et s'il le fait, c'est sous la forme d'une question philosophique ardue, laissant le sale boulot aux hommes de main, finalement, cela s'est déjà vu, bien que cela me fût venu à l'esprit à propos de M. Obláth par pur arbitraire et presque par suspicion, vu que je ne connaissais pas sa vie et j'espérais qu'il ne me la raconterait pas. Non, mais il me surprit en me posant une question aussi indiscrète que celle d'un voleur me demandant combien d'argent j'ai en poche, à savoir qu'il se mit à s'appesantir sur ma situation familiale, après m'avoir présenté la sienne, à titre d'acompte, certes, comme s'il partait du principe que si moi, je pouvais tout savoir sur lui, alors que cela ne m'intéressait guère, il avait bien le droit de.

mais je coupe court à mes divagations, parce que je sens que les lettres, les mots m'entraînent, et qui pis est dans la mauvaise direction, dans la direction de la paranoïa moralisatrice que je me suis surpris plusieurs fois à pratiquer, et dont les raisons sont trop évidentes à mes yeux (solitude, isolement, exil volontaire) pour pouvoir m'inquiéter, car en fin de compte, c'est moi qui les ai créées, en guise de premier coup de pelle à ce fossé beaucoup plus profond que je dois creuser jusqu'au bout, motte après motte, et qui m'engloutira (il est toutefois possible que je ne creuse pas la terre, mais l'air où il y a beaucoup de place) – M. Obláth se contenta de me demander innocemment si j'avais des enfants ; en tout cas, il le fit avec une franchise brutale, c'est-à-dire avec l'indélicatesse qui caractérise les philosophes, et ce, au plus mauvais moment possible ; mais comment aurait-il pu savoir que sa question me bouleverserait ? Puis je répondis à sa question, poussé par cette contrainte inexorable de parler due à ma politesse exagérée jusqu'à l'abnégation et qui m'inspirait le dégoût, pourtant :

"Non !" – dis-je immédiatement, tout de suite, sans hésiter, pour ainsi dire instinctivement, car il est désormais naturel que nos instincts agissent contre nos instincts, que pour ainsi dire nos contre-instincts agissent à la place de nos instincts, et même les supplantent : oui, je voulais faire payer à M. Obláth, ou plutôt au docteur Obláth – docteur en philosophie –, ces innombrables conversations stupides, mon propre avilissement, volontaire et injustifiable (bien que j'aie des tas de raisons, j'en ai déjà énuméré quelques-unes, si j'ai bonne mémoire) en le décrivant ainsi au beau milieu de la forêt rabougrie de hêtres (ou, disons, de tilleuls) comme je l'ai décrit, alors que sa casquette à visière, son raglan flottant, ainsi que ses minuscules yeux blafards, tout comme son grand visage semblable à une pâte souple pétrie et déjà levée, correspondaient parfaitement à la réalité, je persiste à l'affirmer. Tout ce que je veux dire, c'est que j'aurais pu écrire cela autrement, d'une manière plus tempérée, plus mesurée, je dirais même : peut-être *avec amour*, mais je crains de ne plus pouvoir écrire que d'une plume trempée dans le sarcasme, avec un peu d'ironie, avec un peu d'humour peut-être (ce n'est pas à moi de le juger), et aussi une espèce d'infirmité, comme si quelqu'un repoussait ma plume dès qu'elle s'apprête à écrire certains mots, si bien que ma main finit par écrire d'autres mots à leur place, et ceux-ci ne peignent jamais une image pleine d'amour, simplement parce que *je crains qu'il n'y ait pas d'amour* EN MOI, mais – mon Dieu ! – qui pourrais-je aimer et pourquoi ? M. Obláth parlait toutefois avec tant d'amabilité que j'ai retenu finalement (j'allais dire : fatalement) ses remarques les plus pertinentes. Il n'avait pas d'enfants, disait-il, il n'avait personne qu'une femme vieillissante luttant contre le vieillissement, si j'ai bien compris, parce que le philosophe s'exprimait en termes plus vagues, pour ainsi dire, plus discrets, me laissant comprendre ce que je voulais comprendre, et que je comprenais malgré moi, bien sûr. A vrai dire, poursuivit-il, le fait de ne pas avoir d'enfants le hantait depuis peu, et il y pensait justement sur ce sentier forestier, et voilà, il ne pouvait pas s'empêcher d'en parler, sans doute parce qu'il vieillissait lui aussi, et que par conséquent certaines possibilités, comme par exemple celle d'avoir un enfant, s'amenuisaient petit à petit, devenaient même une impossibilité, et donc il y pensait souvent et ce, dit-il, en termes de "manquement". Alors, M. Obláth s'arrêta sur le sentier, car entre-temps nous nous étions mis en route, deux êtres sociaux, deux hommes qui discutent en marchant sur les feuilles mortes, deux taches tristes sur la toile d'un peintre paysagiste, deux taches qui ébranlent fondamentalement l'harmonie de la nature, qui n'a sans doute jamais existé, et je ne me souviens plus si c'est moi qui accompagnais Obláth ou c'est lui qui me tenait compagnie, mais bon, nous n'allons pas en faire toute une histoire, oui, c'est naturellement moi qui accompagnais M. Obláth, selon toute vraisemblance pour me débarrasser de lui, pour pouvoir faire demi-tour quand il me plairait ; donc, M. Obláth s'arrêta sur le sentier, puis, d'un seul mouvement nostalgique, il tendit son visage empâté, débordant par endroits, c'est-à-dire qu'il pencha en arrière sa tête en même temps que sa casquette crâneuse et canaille, et il accrocha son regard à une branche, comme un vêtement pitoyable, une loque, mais encore prête à servir malgré son état d'abandon. Et pendant que nous restions là, muets, Obláth dans l'axe d'attraction de l'arbre et moi dans celui d'Obláth, j'eus soudain l'impression que je serais bientôt le témoin d'une déclaration vraisemblablement confidentielle du philosophe ; et ce fut le cas, M. Obláth prit enfin la parole et dit que s'il parlait de manquement à propos de ce qui s'était passé, ou plutôt ne s'était pas passé, il ne pensait pas à la continuité, à cet apaisement quelque peu abstrait mais aussi, avouons-le, fondamentalement satisfaisant, dans la mesure où il avait accompli – ou plutôt, et justement, où il ne l'avait pas accompli – son devoir individuel et supra-individuel sur cette terre, à savoir assurer, à part la subsistance, la survivance de cette existence, donc sa propre vie prolongée et multipliée dans ses descendants, ce qui est (à part la subsistance) un devoir envers la vie peut-être transcendantal mais très pragmatique, pour ne pas se sentir mutilé, inutile et en fin de compte impuissant ; et là, il ne pensait pas à la perspective menaçante d'une vieillesse dépourvue de soutien, non, il craignait autre chose : "la sclérose des sentiments", dit M. Obláth, exactement avec ces mots-là, en se remettant en marche sur le sentier, soi-disant en direction de notre port d'attache, la maison de repos, mais en réalité, désormais je le savais, vers la sclérose des sentiments. Et sur cette route, je lui tenais fidèlement compagnie, bouleversé comme il se doit par ses paroles bouleversantes, ne partageant toutefois pas vraiment sa peur qui, je le crains (ou plutôt je l'espère, et j'en ai même la certitude), n'est qu'une peur momentanée et en tout cas sacrée qu'il faut tremper dans l'éternité comme dans un bénitier, car lorsqu'elle viendra, nous ne la craindrons plus, nous ne nous rappellerons même plus que c'était cela que nous craignions jadis, car puisqu'elle nous a envahis et que nous sommes dedans jusqu'au cou, elle nous possède et nous la possédons. Parce que c'est aussi un coup de pelle à la fosse, à la tombe que je creuse dans l'air (car je pourrai m'y étendre confortablement), et c'est peut-être pourquoi, dis-je, mais je ne le dis pas au penseur mais à moi-même, il ne faut pas craindre la sclérose des sentiments, il faut l'accepter et même la saluer comme une main secourable qui se tend vers nous, nous aide à aller vers la fosse, certes, mais nous aide quand même : car, monsieur Kappus, *ce monde n'est pas dirigé contre nous, et même s'il recèle des dangers, nous devons essayer de les aimer* ; quoique, interrompis-je, mais je ne le dis pas au penseur, pas plus qu'à ce veinard de monsieur Kappus qui a reçu tant de lettres de Rainer Maria Rilke, je me dis à moi-même que *j'aime exclusivement ces dangers*, et je pense que ça ne va pas vraiment non plus, il y a là aussi quelque chose de faux que j'entends sans cesse, comme ces chefs d'orchestre qui entendent immédiatement que le cor anglais a joué un demi-ton trop haut à cause d'une coquille sur sa partition, par exemple. Et cette fausse note, je l'entends sans cesse non seulement en moi-même, mais encore autour de moi, dans mon environnement cosmique, pour ainsi dire, tout comme au sein de cette nature louche, avec ces chênes (ou ces hêtres) malades, ce ruisseau nauséabond, et ces feuillages tuberculeux qui se découpent sur un ciel sale, où, cher monsieur Kappus, rien ne m'inspire l'idée "d'être Créateur, de créer, de former", laquelle pensée *n'est rien sans sa permanente et grande confirmation ; sans sa réalisation dans le monde, elle n'est rien sans l'assentiment qui, sous mille formes, vient des choses et des bêtes...* Oui, car ils ont eu beau nous gâcher le plaisir (pour ne pas en dire plus), en secret, si nous surveillons sans dire un mot notre circulation sanguine et nos rêves effrayants, en fait, en secret – et ce n'est que là que je sens l'harmonie à mille voix qui jaillit de toutes les choses et de tous les êtres – nous voulons toujours et inébranlablement vivre, oui, même veules, tristes, malades et même si nous ne le pouvons pas, s'il est tellement impossible de vivre... C'est justement pour cela, et aussi pour ne pas nous retrouver coincés dans cette atmosphère sentimentale dans laquelle, comme dans tout d'ailleurs, du moins dans tout ce à quoi *moi* je prends part, j'entendis de nouveau avec netteté la fausse note du cor anglais, je lui posai une question relevant de sa spécialité, très philosophique bien que guère sage peut-être, à savoir pourquoi en est-il ainsi ? pourquoi ce délabrement ? où et quand avons-nous fichu en l'air nos droits ? pourquoi est-il devenu si impitoyablement et définitivement impossible de savoir ce que nous savons ? et ainsi de suite, comme si je ne savais pas ce que je sais, mais j'étais poussé par un invincible besoin de parler, comme par une peur, une sorte d'horreur du vide : et le visage de M. Obláth arbora de nouveau l'expression de l'intellectuel professionnel moyen disposant de perspectives moyennes, de taille moyenne, d'âge moyen, d'opinions moyennes, aux revenus moyens, au milieu de ces moyennes montagnes de Hongrie, et les fentes de ses yeux disparurent dans les rides de son sourire cynique et heureux. Sa voix redevint immédiatement objective, voire objectale, cette voix huilée, habituée aux tergiversations, sûre d'elle-même, qui ne s'était brisée un instant auparavant qu'à cause de la proximité menaçante de questions pleines de vie ; et ainsi, nous rentrions à petits pas, deux intellectuels moyens d'âge moyen, somme toute bien habillés, bien nourris, bien portants, deux survivants (chacun à sa manière), deux hommes encore en vie, deux demimorts, et nous disions ce que deux intellectuels peuvent encore se dire, et tout à fait inutilement. Nous discutions avec calme et ennui des raisons pour lesquelles on ne peut plus vivre ; nous disions que la simple conservation de la vie relevait en fait d'un manque de culture, puisque dans un sens supérieur, d'un point de vue supérieur, *elle n'aurait pas le droit d'être*, tout simplement à cause des événements et de la répétition incessante des événements, contentons-nous de cela, c'est une raison amplement suffisante ; sans compter que les esprits supérieurs ont déjà depuis longtemps interdit à l'être d'exister. Il fut encore question – bien sûr, je ne peux pas tout me rappeler car il y avait dans cette conversation née de l'embarras et du hasard la résonance, ou plutôt : la redondance de centaines de conversations, tout comme *dans une seule pensée créatrice revivent mille nuits d'amour oubliées qui l'emplissent de majesté et d'élévation* – vraiment, je ne peux pas me souvenir de tout, mais je crois qu'il fut encore question de cela : n'est-il pas possible que tout l'effort apparemment ignorant de l'être convergeant vers le devenir, vers l'existence, *ne soit nullement* un signe de naïveté impartiale, ce qui serait quand même exagéré et en fait impossible – mais soit au contraire le signe qu'il ne peut continuer que par ignorance, si toutefois il doit continuer à tout prix. Et, à moins qu'on ne réussisse pas à survivre, ce qui, bien sûr, ne peut réussir qu'à *un degré supérieur* (Obláth), mais cela (duo), nul signe ne permet de l'envisager et c'est l'exact contraire qui apparaît, à savoir qu'on s'enfonce dans l'ignorance… Puis, que parmi les syndromes de la schizophrénie, l'ignorance consciente… Et puis encore que d'après cela, pour vivre l'état du monde (moi) et pour le réaliser (Obláth), ce que d'ailleurs s'efforce de faire tout état du monde, à défaut de religion, de culture et d'autres accessoires solennels, seule aujourd'hui la *catastrophe*… Et ainsi de suite, nous jouions, nous jouions nos fausses notes pendant qu'à la cime des arbres immobiles se déposait la brume bleue du soir au fond de laquelle se tapissait comme un noyau dur la masse compacte de la maison de repos où nous attendaient les tables mises pour le dîner, le cliquetis des couverts, le tintement des verres, la rumeur des conversations naissantes, et même dans ce simple fait sonnait la fausse note mélancolique du cor anglais ; de même que je ne pouvais pas me cacher à moi-même que je n'avais finalement pas fait demi-tour pour me débarrasser de M. Obláth : j'étais resté avec lui, envoûté et aussi à cause de mon vide dissimulé sous un besoin de parler, et aussi à cause de la mauvaise conscience (du dégoût) que me procurait ledit vide, allez savoir pourquoi, j'étais resté avec lui pour ne pas entendre, ne pas voir et ne pas devoir parler de ce que je devrais dire, voire écrire. Oui, cette nuit m'a puni – ou récompensé ? – en apportant un tournant, une tempête soudaine, avec le grondement du tonnerre, les éclairs sinistres qui zébraient le ciel d'un bout à l'autre avant de disparaître, et ces hiéroglyphes en zigzag, ces petites lettres nettement lisibles, du moins pour moi, tous ces

"Non !" – étaient les miens, car il est désormais naturel que mes instincts agissent contre mes instincts, que pour ainsi dire mes contre-instincts agissent à la place de mes instincts, et même les supplantent.

"Non !" – cria, hurla en moi quelque chose, immédiatement, tout de suite, et mon cri a mis de longues années à s'apaiser, devenant une sorte de douleur sourde mais tenace, jusqu'à ce que, lentement et malicieusement, comme une maladie latente, la question se dessine en moi – de savoir si tu aurais été une fillette aux yeux bruns, le nez couvert de pâles taches de rousseur, ou bien un garçon têtu avec des yeux joyeux et durs comme des cailloux gris-bleu – oui, si l'on considère ma vie comme la possibilité de ton existence. Et ce jour-là, je considérai toute la nuit cette question, soit à la lumière éblouissante des éclairs, soit dans le noir avec mes yeux aveuglés qui voyaient cette question lézarder les murs dans les intervalles capricieux de la furie atmosphérique, si bien que je dois considérer les phrases que j'écris en ce moment comme ayant été écrites cette nuit-là, et pourtant cette nuit-là, j'ai vécu plus que je n'ai écrit, j'ai vécu, ou plutôt, diverses souffrances m'ont déchiré, en particulier celle des souvenirs (j'avais aussi une demi-bouteille de cognac), j'ai peut-être écrit quelques mots confus dans les carnets, les cahiers, les blocs-notes que j'ai toujours à portée de main mais que je n'ai pas pu reconstituer par la suite, et même si j'avais pu le faire, je ne les aurais pas compris, puis je les ai oubliés, et ce n'est que de nombreuses années plus tard que cette nuit a resurgi en moi, et il a fallu encore plusieurs années pour que j'essaie d'écrire ce que j'aurais pu écrire cette nuit-là, si j'avais écrit, et si une seule nuit n'eût pas été trop courte, beaucoup trop courte, pour écrire ce que j'aurais pu écrire. Mais comment aurais-je pu écrire, puisque cette nuit n'était que le début, l'un des premiers pas, sans doute pas le premier, sur la route de la vraie lucidité, c'est-à-dire la route – longue et qui pourrait en connaître la durée – de mon autoliquidation consciente, cette nuit n'était que le premier coup de pelle à la tombe que je me creuse – c'est désormais indubitable – dans les nuages. Cette question – ma vie considérée comme possibilité de ton existence – s'avère être un bon guide, oui, c'est comme si tu me conduisais en me donnant ta main fragile, me tirais derrière toi sur cette route qui, en fin de compte, ne mène nulle part ou, tout au plus, à une connaissance de soi parfaitement vaine et irrévocable, mais dans laquelle on ne peut – que “peut”-on ? ici, même "on doit" n'exprime rien – s'engager qu'en écartant les barrages et les obstacles qui s'y dressent ; tout d'abord, en écartant, en déracinant, dirais-je, mon existence d'intellectuel moyen, même si ce comportement me sert de préservatif, comme si je vivais dans une prudente promiscuité avec des malades du SIDA, ou plutôt comme j'aurais pu vivre, puisqu'il y a si longtemps que je ne suis plus un intellectuel moyen, que je ne suis rien, *je suis né homme privé*, disait J. W. G., je suis un survivant privé, dis-je, je suis tout au plus traducteur, si tant est que je suis et dois être. Tout comme finalement, en dépit de conditions menaçantes, j'ai écarté radicalement de ma route l'existence honteuse d'écrivain hongrois à succès, bien que, disait ma femme (qui est depuis longtemps la femme d'un autre), tu aies toutes les capacités requises (cela m'effrayait un peu, à l'époque), elle ne me demandait pas, disait-elle, de renoncer à mes principes *artistiques* ou autres, elle me demandait seulement, disait-elle, de ne pas être *pusillanime* et que plus, ou plutôt moins (je renonce à mes principes *artistiques* ou autres), plus je devais m'efforcer de mettre en valeur ces principes, à savoir, en dernière analyse, moi-même, et donc aspirer au succès, disait ma femme, puisque tout le monde y aspire, même les plus grands écrivains du monde, et ne te mens pas à toi-même, disait ma femme, si tu ne recherches pas le succès, alors pourquoi écris-tu ? demandait-elle, et sa question était indéniablement embarrassante, mais le temps n'était pas encore venu pour moi de la développer ; et le plus triste est qu'elle a vraisemblablement vu clair en moi, elle avait vraisemblablement raison, j'ai – j'avais – sans doute toutes les capacités requises pour mener l'existence honteuse, dont j'avais percé les raffinements transparents, d'un écrivain hongrois à succès, et j'ai – j'avais – pour la mener les dispositions nécessaires, sinon, eh bien, je pourrais – j'aurais pu – me les procurer, en transformant toutes mes hésitations et ma peur intrinsèque en un narcissisme aveugle, sans scrupules, énervé et finalement pas très fascinant, tout au plus spectaculaire, en les transformant en une paranoïa moralisatrice et une incessante poursuite judiciaire des autres ; de surcroît, et c'est beaucoup plus dangereux, j'étais encore plus doué pour mener la vie tout aussi honteuse d'un écrivain hongrois sans succès, raté, et là, je me heurte à nouveau à ma femme qui avait encore raison, parce que si on s'engage dans la voie du succès, alors on en a ou on n'en a pas, *il n'y a pas de troisième voie*, et les deux sont également honteuses, même si ce n'est pas de la même manière, par conséquent, je me suis réfugié dans l'ivresse objective de la traduction comme dans l'alcoolisme… Et puis, comme les paroles de ma femme m'étaient venues à l'esprit, je pensai aussi à elle, alors qu'il y a très longtemps que je ne pensais plus à elle, en fait, je ne pense même pas à elle quand, très rarement, nous nous rencontrons quelque part, exprès ou par hasard, peut-être plutôt exprès et presque toujours à l'initiative de mon (ex-)femme, qui, je pense, ressent pour moi une sorte de nostalgie mêlée de remords, pour autant que j'aie pu le remarquer, et alors je pense qu'elle a la nostalgie, si toutefois c'est le cas, de sa propre jeunesse et des quelques années qu'elle a gâchées avec moi, et quant à ses remords totalement infondés, ils sont dus au fait qu'elle a acquis sans la moindre controverse la certitude d'avoir raison, ce qui est indubitable et d'ailleurs n'a jamais été mis en doute, à savoir que je ne lui ai jamais fait aucun reproche ; mais – mon Dieu ! – que lui reprocherais-je, que lui aurais-je reproché, peut-être de vouloir vivre ? Et donc, comme je pensais à ses paroles, elle aussi me vint à l'esprit, et puis mon mariage raté qui a tourné court, et je le vis là, devant moi, comme sur une table d'autopsie. Et quand je regarde le cadavre refroidi de mon mariage, avec tendresse, affection, en tout cas avec le regard froid du professionnel qu'au fond j'aime porter sur toute chose, je dois me garder de me forger un sale petit triomphe avec les paroles de ma femme que je viens de citer et qu'en tant qu'époux j'écoutais avec, dirais-je, une certaine irritation ; en revanche, durant cette nuit qui éclaire tout, où je vois mon mariage à une telle distance de moi et je ne le comprends pas au point que mon incompréhension finit par le rendre parfaitement clair et compréhensible, durant cette nuit qui éclaire tout, je dois donc reconnaître que c'est l'*instinct de survie* de ma femme qui lui a fait prononcer ces mots, son instinct de survie avait besoin de mon succès pour lui faire oublier l'immense échec dont elle a eu sa quote-part dès sa naissance ; cet échec haïssable, incompréhensible, inacceptable, absurde que, il est vrai, elle ne considérait pas comme un échec, mais au contraire comme une auréole, pour ainsi dire, non, j'exagère, disons simplement comme la coquille fragile et nacrée de l'incarnation, je l'avais remarqué moi aussi, et je dirais involontairement, à l'instant même de notre première rencontre chez quelqu'un, en société, comme on dit, elle se détacha soudain du groupe bavard, comme d'un milieu laid, difforme et pourtant familier, parce que formé de chair vivante et respirante qui ondulait, se dilatait et se contractait spasmodiquement comme s'il accouchait ; donc, elle s'en détacha et franchit un tapis bleu-vert, comme si elle marchait sur la mer, laissant derrière elle le dauphin éventré, et elle avançait vers moi, victorieuse bien que timide, et moi, dis-je, tout de suite et pour ainsi dire involontairement, je pensai : "La belle juive !"... Et aujourd'hui encore quand, très rarement et presque toujours à l'initiative de mon (ex-)femme, nous nous rencontrons quelque part et que je regarde sa tête penchée en avant, ses cheveux épais qui tombent de chaque côté de son visage tandis qu'elle me prescrit des quantités de préparations, calmants, somnifères, drogues et abrutissants pour que je tienne encore le temps que je dois tenir, et si déjà je dois tenir, autant être engourdi pour voir, entendre et sentir ce que je dois voir, entendre et sentir, parce que, et ça je ne l'ai pas encore dit, mais à quoi bon le dirais-je, puisque je sais de toute façon pourquoi je fais mine de croire que ces notes concernent encore quelqu'un en plus de moi, alors que c'est le cas, bien sûr, j'écris parce que je dois écrire, et si nous écrivons, nous *dialoguons*, ai-je lu quelque part, tant qu'il y avait un dieu, nous *dialoguions* vraisemblablement avec Dieu, et à présent qu'il n'existe plus, on *dialogue* tout au plus avec les autres hommes, et le plus souvent avec soi-même, c'est-à-dire qu'on parle tout seul ou qu'on marmonne dans sa barbe, comme on voudra, en un mot, je n'ai pas encore dit que ma femme (qui n'est plus ma femme depuis longtemps) est médecin, enfin pas trop, parce que je ne l'aurais pas supporté, même à titre provisoire, mais seulement dermatologue, bien qu'elle prenne cela au sérieux, comme d'ailleurs tout le reste ; oui, et quand elle me remplit mes ordonnances (parce que j'exploite et tourne à mon avantage de cette façon perfide et basse nos rendez-vous occasionnels et totalement innocents) il m'arrive encore maintenant de penser : "La belle juive !" Sauf que maintenant, je le fais mollement, avec un sentiment de pitié, pour moi, pour elle, pour tout et tout le monde, lamentablement, vraiment pas comme autrefois, quand je pensais : "La belle juive !" : oui, autrefois cette pensée m'était naturelle et honteuse, j'avais des élancements dans mon membre viril, comme un voyou mâle, un *macho*, un pogromiste, comme toutes ces canailles éhontées qui se disent : Tiens, la belle juive, La belle Tzigane, Sacrée Noire, Les Françaises, La femme à lunettes, mon vieux, Les gros seins, Le gros cul, Les petits seins, Quel gros cul, etc., etc. De plus, on m'a expliqué, pour le cas où je ne le saurais pas, que les voyous mâles n'étaient *nullement* les seuls à penser de la sorte, les voyous femelles font exactement *la même chose*, mais à l'envers, ce qui en fin de compte revient au même, comme j'en ai acquis la certitude au bon vieux temps, dans la lumière glauque d'un café où j'attendais mon – ex – épouse, et à la table voisine, deux femmes, deux belles jeunes femmes discutaient, et soudain, le monde bascula, au sens propre du terme, et il me renvoya, avec une sensation soudaine de chute qui me noua l'estomac, vers ma lointaine enfance, vers une obsession très ancienne qui a pour origine une vision, comment dire, stupéfiante, d'une stupéfaction qui m'a marqué pour la vie, et avec laquelle plus tard, allez savoir pourquoi, et puis qui pourrait connaître les secrets transparents de l'âme, d'ailleurs celui qui les connaîtrait, n'essaierait-il pas de s'en débarrasser, tellement ils sont repoussants et même ennuyeux, cette vision, donc, je m'y suis parfois identifié par la suite, au point que je sentais presque, même si ce n'était pas tout à fait réaliste, que je me transformais en cette vision, que *moi*, pour employer cette image dénuée de sens, j'étais cette vision, exactement comme je l'avais vue dans ce village poussiéreux et étouffant où on m'avait envoyé en vacances. Oui, c'est là que j'avais vécu pour la première fois parmi des juifs, je veux dire de vrais juifs, et non des juifs tels que *nous*, juifs de la ville, juifs de Budapest, c'est-à-dire juifs quelconques, mais pas chrétiens, bien sûr, ce genre de juifs non-juifs qui respectent quand même le jeûne de *l'Expiation* au moins jusqu'à midi, non, l'oncle et la tante (je ne me rappelle plus à quel degré, pourquoi m'en souviendrais-je, ils ont depuis longtemps creusé leur tombe dans l'air où ils sont partis en fumée) étaient de vrais juifs, avec prière le matin, prière le soir, prière avant les repas, prière du vin, c'étaient d'ailleurs de braves gens, certes mortellement ennuyeux pour un petit garçon de Budapest, cuisine lourde, grasse, l'oie, et puis le sholent, et puis le mille-feuilles, je crois que la guerre avait déjà éclaté, mais *chez nous*, tout était encore paisible et beau, on ne faisait que des exercices de black-out, la Hongrie, havre de paix au milieu de l'Europe en flammes, ce qui se passe, disons, en Allemagne ou en Pologne ou, disons, dans le "protectorat de Bohême-Moravie", ou en France, ou en Croatie, ou en Slovaquie, en un mot, ce qui s'est passé partout et se poursuit sans cesse *ne peut pas arriver ici*, non, pas ici, jamais ; oui, et un matin, j'ouvris imprudemment la porte de la chambre à coucher, et immédiatement, en silence, ne poussant un cri que dans mon for intérieur, je me détournai, parce que j'avais vu quelque chose d'horrible qui m'avait fait l'effet d'une obscénité à laquelle, rien qu'en considérant mon âge, je ne pouvais pas me sentir préparé : *une femme chauve en robe de chambre rouge assise devant son miroir*. Et il fallut un certain temps à ma tête effrayée et troublée pour reconnaître en cette femme ma tante, que d'ailleurs j'avais l'habitude de voir comme je la vis tout de suite après cet incident : avec des mèches de cheveux étrangement fines et rigides, d'un brun tirant sur le roux ; par la suite, je n'osais piper mot, et encore moins poser des questions, j'espérais de toutes mes forces qu'elle n'avait peut-être pas vu que je l'avais vue, je vivais dans l'atmosphère lourde et obscure de l'horreur, des secrets, la tante déshabillée, sa tête luisante rappelant celle d'un mannequin dans une vitrine éveillait en moi l'image d'un cadavre ou celle de la grande prostituée qui, la nuit, prenait possession de sa chambre ; et ce n'est que beaucoup plus tard, une fois rentré à la maison, que j'osai effleurer la question de savoir si j'avais bien vu ce que j'avais vu, parce que moi-même j'avais commencé à en douter ; et le visage rieur de mon père ne me rassura pas le moins du monde parce que, je ne sais pas pourquoi, son rire me sembla frivole, frivole et destructeur, même s'il n'était qu'autodestructeur, bien que ce genre de mots – car j'étais un enfant – ne me fussent pas encore familiers, je trouvais son rire tout simplement stupide, parce qu'il n'avait pas compris ma frayeur, mon horreur, la première métamorphose spectaculaire de ma vie : à savoir qu'à la place de la tante que je connaissais, *une femme chauve en robe de chambre rouge était assise devant le miroir*, non, il ne comprenait pas cette abomination, au lieu de cela, il en rajouta, d'une façon certes extraordinairement joviale, en m'expliquant, mais je ne retins rien de ses explications que l'horreur impure des faits, ou plutôt l'objectivité pure, mystérieuse et impénétrable des faits, en m'expliquant donc que c'étaient des *polish*, et que les femmes *polish*, pour des raisons religieuses, se rasaient la tête et portaient une perruque, c'est-à-dire le *sheytl* ; et ensuite, devenant de plus en plus sérieux, il ajouta que j'étais juif moi aussi, ce qui, comme cela se révéla petit à petit, était en général passible de la peine de mort, vraisemblablement pour que je considère ce fait particulier et incompréhensible – c'est-à-dire d'être juif – dans sa propre étrangeté, mais sous un éclairage plus familier, je compris alors qui j'étais : *une femme chauve en robe de chambre rouge assise devant son miroir*. C'était clair et, même si ce n'était pas agréable et surtout pas très compréhensible, mais en définitive indéniable, il avait parfaitement défini ma situation, pour ne pas dire mon appartenance, désagréable, et surtout pas très compréhensible. Et finalement, je n'eus plus besoin de cette définition, tout simplement parce que je m'étais fait à cette idée, je veux dire à l'idée de ma judéité, tout comme j'ai fini par me faire aux autres pensées désagréables et surtout pas très compréhensibles, lentement, une par une, concluant une paix crépusculaire, en sachant bien que ces pensées désagréables et surtout peu compréhensibles disparaîtront quand, moi-même, je disparaîtrai, mais en attendant, ces pensées sont parfaitement utilisables et parmi elles se trouve, dans le peloton de tête, celle de ma judéité, bien sûr uniquement en tant qu'état de fait désagréable et pas très compréhensible qui peut représenter de temps en temps un danger de mort relatif, mais bon, pour moi du moins (et j'espère, j'en suis même sûr, que tout le monde n'est pas de mon avis, *loin de là*, je crois qu'il se trouvera des gens qui m'en voudront, j'espère même franchement qu'ils me détesteront, surtout les juifs et les non-juifs philosémites et antisémites), pour moi donc, c'est justement là que réside son utilité, je ne peux l'utiliser que de cette façon, jamais autrement : comme un état de fait désagréable et pas très compréhensible, de surcroît parfois dangereux que, peut-être rien que pour le danger qu'il peut représenter, *nous devons essayer d'aimer* comme nous le pouvons, bien que, en ce qui me concerne, je ne voie aucune raison à cela, peut-être parce qu'il y a longtemps que je ne m'efforce plus de vivre en harmonie, comme on dit, avec les hommes, la nature, ou même avec moi-même, et qui plus est, je verrais dans ce fait une misère morale, une sorte de perversion dégoûtante, comme dans une relation œdipienne ou un inceste entre un frère et une sœur laids. Voilà, j'attendais donc mon – ex – femme dans la lumière glauque de ce café, en espérant plein de nouvelles ordonnances, sans penser à mon existence désagréable, pas très compréhensible et surtout dangereuse par périodes, les deux femmes discutaient à la table voisine et moi, je tendais l'oreille, pour ainsi dire automatiquement, puisque c'étaient de belles femmes, l'une plutôt blonde, l'autre plutôt brune, et j'ai beau avoir été échaudé tant de fois (pour ne pas en dire plus), si je prête bien attention à ma circulation sanguine et à mes rêves effrayants, je constate en secret, en silence, que j'aime toujours les belles femmes, avec une attirance imperturbable, invulnérable, je dirais naturelle, mais qui reste mystérieuse dans son essence, même si elle veut paraître si banalement compréhensible, parce qu'elle est presque indépendante de ma volonté, ce qui la rend révoltante, en tout cas, je ne peux pas l'expédier aussi facilement que, disons, mon amour des platanes, que j'aime pour leur tronc immense et tacheté, leurs branches étonnantes et somptueuses et pour leurs grandes feuilles nervurées qui, en une certaine saison, pendent mollement comme des mains. Et à peine m'étais-je joint, d'une façon totalement passive, à leur conversation dont les accents étouffés trahissaient un sujet important, que j'entendis ces mots : "... Je ne sais pas, mais je ne pourrais pas avec un étranger... Avec un Noir, un Tzigane, un Arabe..." La voix s'interrompit, mais je sentais qu'elle hésitait seulement, mon sens du rythme me soufflait que ce n'était pas encore fini, il devait y avoir une suite et je commençais déjà à m'agiter sur ma chaise, parce que naturellement, je savais bien ce qui devait suivre, et la voyant réfléchir si longtemps, j'allais lui souffler, quand elle ajouta enfin, laborieusement : "... avec un juif", et alors soudain, mais d'une façon totalement inattendue, vu que je comptais sur ce mot, que je l'attendais, l'épiais, l'exigeais presque, le monde bascula, avec une sensation soudaine de chute qui me noua l'estomac et, pensai-je, si cette femme me regarde maintenant, je vais me métamorphoser : *je serai une femme chauve en robe de chambre rouge devant son miroir*, on n'échappe pas à cette malédiction, pensai-je, non, pensai-je, et je ne vois qu'une seule issue, pensai-je, je me lève d'un coup et cette femme, pensai-je, je la gifle ou je la baise. Dois-je dire que je n'ai fait ni l'un ni l'autre, comme je n'ai pas fait tant de choses que je pensais devoir faire, et souvent avec raison, et cela ne faisait même pas partie de ces impératifs catégoriques auxquels j'ai failli et qui me font hocher la tête quand j'y pense ; ma colère n'était encore pas vraiment montée qu'elle retombait déjà, et puis, comme des ombres vagabondes venaient vers moi des pensées repoussantes mais familières – pourquoi dois-je convaincre cette femme, ou bien moi-même, puisqu'il y a si longtemps que je suis convaincu de tout, je fais ce que je dois faire, bien que je ne sache pas pourquoi j'y suis obligé, je le fais quand même car j'espère, et même je sais qu'un jour, je ne devrai plus devoir, et j'aurai le droit de m'étendre sur une couche confortable, après qu'on m'aura sérieusement fait travailler, qu'on m'aura sifflé pour que je creuse ma propre tombe, et à présent, bien que tant de temps soit déjà passé – mon Dieu ! – j'en suis encore à creuser. Ensuite, ma femme arriva et moi, les sentiments apaisés, tout de suite et pour ainsi dire involontairement, je pensai : "La belle juive !" alors qu'elle marchait sur le tapis bleu-vert comme si elle marchait sur la mer, elle avançait, victorieuse bien que timide, toujours vers moi, elle voulait me parler parce qu'elle avait appris que j'étais, moi, B., l'écrivain et traducteur dont elle avait lu "un texte" à propos duquel elle devait *absolument* discuter avec moi, dit ma (alors future, maintenant ex-) femme, et elle était encore toute jeune, elle avait quinze ans de moins que moi qui n'étais pas vraiment vieux non plus, mais juste assez, comme toujours. Oui, voilà comment je la vois à présent, dans ma nuit, ma grande nuit qui illumine tout de ses éclairs, et dans la nuit obscure qui m'a recouvert beaucoup plus tard, oui : *I wonder why I spend my lonely nights dreaming of the song… and I am again with you,* sifflotai-je, étonné de siffloter, de surcroît la *Stardust Melody* que nous sifflotions toujours, bien que je ne sifflote plus guère que Gustav Mahler, exclusivement Gustav Mahler, la neuvième symphonie. Mais je sens que ça n'a pas d'importance. Sauf si, par hasard, l'on connaît la neuvième symphonie de Gustav Mahler dont l'atmosphère permet d'appréhender mon état d'âme, et si on veut le connaître et qu'on ne se contente pas des informations que je communique par écrit, qui permettent également de tirer les conclusions nécessaires. *When our love was new and each kiss a revelation…*

"Non !" – crie, hurle en moi quelque chose, je ne veux pas me souvenir, je ne veux pas tremper dans mon thé en sachet "Garzon" un boudoir en guise de madeleine, gâteau d'ailleurs inconnu dans cette région désolée, bien que je veuille me souvenir, certes, je le veux, je ne le veux pas, je ne peux pas faire autre chose quand j'écris, je me souviens, je dois me souvenir, sans doute à cause du savoir, le souvenir est un savoir, nous vivons pour nous souvenir de notre savoir, parce que nous ne pouvons pas oublier ce que nous savons, n'ayez pas peur, les enfants, pas par "obligation morale", non, allons, je t'en prie, tout simplement, nous *ne pouvons pas*, nous *n'avons pas les moyens* d'oublier, nous sommes ainsi faits, nous vivons pour savoir et pour nous souvenir, et peut-être, et même vraisemblablement, et même presque certainement, nous savons et nous souvenons pour qu'il existe quelqu'un qui ait honte à cause de nous, du moment qu'il nous a créés, oui, nous nous souvenons pour lui qui est, ou n'est pas, puisque c'est si peu important, car il est ou n'est pas : en fin de compte, ça revient au même, l'important est que nous nous souvenions, que nous sachions et nous souvenions, pour que quelqu'un – n'importe qui – ait honte à cause de nous et (éventuellement) pour nous. Car, en ce qui me concerne, si je m'y mettais, mes souvenirs privilégiés, solennels, j'ai failli dire bénis, et puis, je veux bien, du moment qu'on emploie les grands mots, soit : bénis et sanctifiés à la messe noire de l'humanité, mes souvenirs laisseraient échapper du gaz, une mitraille de voix gutturales et : *Der springt noch auf*, le Survivant de Varsovie gémirait son ultime *Shema Yisroel*, et puis le fracas de la fin du monde… Et ensuite, il y aurait la bruine silencieuse, chaque jour renouvelée et qu'il faudrait dissimuler, de l'étonnement – tiens, voilà, je me suis quand même redressé, *ich sprang doch auf*, et je suis toujours là, bien que je ne sache pas pourquoi, par hasard, de la même façon que je suis né, je ne suis pas plus complice de ma survie que de ma venue au monde, bon, d'accord, la survie recèle un tout petit peu plus de honte, surtout si on a fait tout son possible pour survivre : mais c'est tout, rien de plus, je n'ai pas pu donner dans l'apitoiement général de la survie et la démagogie bravache, mon Dieu ! *on est de toute façon un peu coupable*, c'est tout, j'ai survécu donc je suis, pensais-je, non, je ne pensais rien, simplement j'étais, tout simplement, comme un survivant de Varsovie, comme un survivant de

Budapest qui ne se préoccupe pas de sa survie, qui ne sent pas la nécessité de *justifier* sa survie, d'assigner un *but* à sa survie, oui, de transformer sa survie en un triomphe peut-être silencieux, peut-être discret et confidentiel, mais d'en faire au fond le seul triomphe *réel*, le seul *possible* qui serait – aurait été – la survie prolongée et multipliée de cette existence, et donc de la mienne dans mes descendants – dans mon descendant – en toi –, non, je n'y pensais pas, je ne pensais pas devoir y penser, jusqu'à ce que cela me tombe dessus une nuit, cette nuit qui, en restant obscure, éclairait tout, et que la question se dresse devant moi (ou plutôt derrière moi, derrière ma vie vécue depuis longtemps, puisque, Dieu merci, il est trop tard et désormais il sera toujours trop tard), la question, oui – aurais-tu été une petite fille aux yeux sombres ? le nez couvert de pâles taches de rousseur ? ou bien un garçon têtu ? avec des yeux joyeux et durs comme des cailloux gris-bleu ? –, oui, ma vie considérée comme possibilité de ton existence, ou tout simplement considérée, sévèrement, tristement, sans colère ni espoir, comme on considère un objet. Je le dis, je ne pensais à rien, bien que, dis-je, j'aurais dû. Parce qu'un travail de sape s'effectuait en secret, des manipulations et des machinations dont j'aurais dû connaître l'existence, et je la connaissais, certes, mais je croyais que c'était autre chose, mais quoi ? je ne sais pas, mais je soupçonne que je les prenais pour une sorte de mouvement rassurant, comme ce vieillard aveugle qui prenait pour des travaux d'assèchement conquérants le cliquetis et le frottement des pelles alors que l'on creusait une tombe, sa tombe à lui, justement. En un mot, je me suis surpris à écrire parce que je devais le faire, bien que je ne sache pas pourquoi, toujours est-il que je me suis aperçu que je travaillais sans relâche, on peut dire avec une ardeur folle, et pas seulement pour gagner ma vie, mais si je ne travaillais pas, *j'existerais*, et si j'existais, je ne sais pas à quoi cela m'obligerait, et il vaut mieux que je ne le sache pas, bien que mes cellules, mes entrailles s'en doutent certainement, puisque c'est pour cela que je travaille sans relâche : tant que je travaille, je suis, si je ne travaillais pas, qui sait si je serais, c'est pourquoi je dois prendre cela au sérieux, parce que c'est là que se trouvent les corrélations les plus sérieuses entre mon existence et mon travail, c'est une chose très claire et parfaitement anormale, même si certains, et il y en a un bon nombre, écrivent aussi parce qu'ils doivent écrire, bien que ce ne soit pas le cas de tous ceux qui écrivent ; moi, c'est un fait réel, je devais le faire, je ne sais pas pourquoi, c'était visiblement la seule solution qui s'offrait à moi, même si elle ne résout rien, mais au moins ne me laisse pas dans une insolubilité de cette, comment dire, nature, qui me paraîtrait nécessairement insoluble en tant que telle, et par conséquent, en plus de l'insolubilité, je serais tourmenté par l'insuffisance même de cette insolubilité et l'insatisfaction que me laisse ce qui précède. Rétrospectivement, je croyais peut-être que l'écriture était une fuite (ce qui n'était pas sans fondement, tout au plus croyais-je fuir dans une autre direction que celle vers laquelle je fuyais vraiment et continue à fuir encore maintenant), une fuite et même un salut, mon salut à moi et par moi, celui de mon monde réel et, pour employer un grand mot, spirituel, et une *description* absolument indispensable à celui – n'importe qui – qui aura honte à cause de nous et (éventuellement) pour nous ; et il m'a fallu cette nuit pour voir enfin dans le noir, pour voir entre autres la nature de mon travail qui, au fond, ne consiste qu'à creuser, à continuer de creuser la tombe que d'autres ont commencé à creuser pour moi dans l'air, puis, tout simplement parce qu'ils n'ont pas eu le temps de terminer, dans leur hâte et même sans ironie diabolique d'aucune sorte, non, juste comme ça, sans bruit, sans regarder autour d'eux, ils m'ont fourré l'outil dans les mains et ils m'ont planté là pour que je finisse moi-même le travail qu'ils avaient commencé. Et ainsi, toutes mes prises de conscience menaient à cette prise de conscience-là, et quoi que j'aie fait, tout en moi devenait prise de conscience menant vers celle-là, tant mon mariage que le fait que

"Non !" – dis-je tout de suite et immédiatement, sans hésiter et pour ainsi dire instinctivement, oui, encore instinctivement, pour l'instant, rien qu'instinctivement, même si c'était avec les instincts qui agissaient contre mes instincts naturels et qui cependant deviendraient mes instincts naturels, et même petit à petit deviendraient – sont devenus – ma nature ; ce "non" n'était donc pas une décision, au sens où je pourrais – j'aurais pu – décider librement si "oui" ou "non", non, c'était une prise de conscience, ce "non", cette décision que je n'ai pas prise, que je n'ai pas pu prendre, qu'on a prise *pour moi*, n'était d'ailleurs pas une décision : c'était la prise de conscience de mon verdict, une décision qu'on peut considérer comme telle dans la mesure où je n'ai rien décidé contre elle, ce qui aurait sans aucun doute été une décision erronée, car comment pourrait-on décider quoi que ce soit contre son destin, pour employer cette expression grandiloquente, alors que par destin, nous comprenons la plupart du temps ce que nous comprenons le moins, c'est-à-dire nous-mêmes, ce facteur sournois, inconnu, agissant sans cesse contre nous, et que le plus simple pour nous, dépaysés, aliénés, est de nommer notre destin en nous inclinant avec dégoût devant sa puissance. Et si je ne veux pas considérer ma vie comme une succession de hasards arbitraires consécutifs au hasard arbitraire de ma naissance, ce qui serait une approche de la vie, comment dire, assez indigne, mais plutôt comme une succession de prises de conscience, ce qui satisfait au moins ma fierté, alors, en présence de M. Obláth, ou plutôt avec l'assistance de M. Obláth, la question qui s'était dessinée, à savoir : *mon existence considérée comme possibilité de ton être*, à la lumière des prises de conscience successives et à l'ombre du temps qui s'écoule, se transforma une fois pour toutes pour devenir : *ton inexistence considérée comme la liquidation radicale et nécessaire de mon existence*. Car c'est seulement ainsi que tout ce qui s'est passé a un sens, tout ce que j'ai fait et qu'on m'a fait, il n'y a qu'ainsi que ma vie insensée prend un sens, tout comme le fait que je continue ce que j'ai commencé, vivre et écrire, peu importe lequel des deux, l'un et l'autre ensemble, puisque le stylo est ma pelle, si je regarde vers l'avant, je vois l'arrière, si je me penche sur ma feuille blanche, je ne vois que le passé : *et elle franchit un tapis bleu-vert, comme si elle marchait sur la mer*, parce qu'elle voulait parler avec moi, parce qu'elle avait appris que j'étais B., l'écrivain et traducteur dont elle avait lu "un texte" au sujet duquel elle devait *absolument* parler avec moi, dit-elle, et nous avons parlé, nous nous sommes étendus sur le sujet puis dans un lit – mon Dieu ! – et nous avons encore parlé après, et pendant, sans cesse. Oui, et je me souviens qu'elle avait commencé par me demander si je pensais sérieusement ce que j'avais dit auparavant dans le feu de la discussion, je lui dis que je ne savais plus ce que j'avais dit, car je ne le savais vraiment plus, j'avais dit tant de choses, je me préparais à filer discrètement (à l'anglaise, comme on dit), parce que j'étais énervé et ennuyé par cette discussion au cours de laquelle j'avais dit ce que j'avais dit, poussé par mon habituelle et détestable nécessité de parler qui me prend surtout aux moments où je voudrais me taire, et mon besoin de parler n'est alors rien d'autre qu'un silence à voix haute, un silence articulé, si je puis pousser ce modeste paradoxe : je la priai donc de me rafraîchir la mémoire et alors, d'une voix étranglée, rauque, elle me donna quelques points de repère, d'un ton presque sévère, agressif, et en somme avec une sorte d'excitation obscure, angoissée – une pulsion sexuelle transférée ou sublimée dans la sphère intellectuelle, ou arborant tout simplement un masque intellectuel, pensai-je avec la négligence et l'infaillibilité qu'on a toujours quand on se trompe, avec cet aveuglement déterminé qui fait qu'on ne reconnaît pas la continuité dans l'instant, la conséquence dans le hasard, l'accident dans la rencontre, après laquelle au moins l'un des deux doit se traîner comme une loque, une pulsion sexuelle, pensai-je naturellement et honteusement, comme nous transférons, sublimons ou déguisons nos propres pulsions sexuelles. Oui, et surtout désormais, dans ma nuit sombre et profonde, je vois plus que je n'entends cette conversation mondaine, je vois autour de moi les visages mélancoliques comme autant de masques de théâtre avec leurs rôles particuliers, le pleureur et le rieur, le loup et l'agneau, le singe, l'ours, le crocodile, et ce foisonnement bruissait doucement, comme dans une espèce de grand marais final d'où les acteurs tirent encore la dernière moralité, comme dans une fable d'Esope, et quelqu'un fit la proposition mélancolique que chacun dît *où il avait été*, et alors, avec un tambourinement morne, comme d'un nuage qui a depuis longtemps déchargé son énergie, des noms se mirent à tomber : Mauthausen, le méandre du Don[1], Recsk[2], la Sibérie,

1. Episode de la bataille de Stalingrad et plus grande défaite de tous les temps subie par l'armée hongroise. Trente mille hommes périrent, quarante mille furent faits prisonniers par les Soviétiques.
2. Camp de travail hongrois pendant la guerre, puis à l'époque stalinienne.

Gyüjtö[1], Ravensbrück, la rue Fö[2], 60 rue Andrássy[3], les villages de relégation, les prisons d'après 56, Buchenwald, Kistarcsa[4], je craignais déjà que ce fût mon tour, mais heureusement, je fus devancé : "Auschwitz", dit quelqu'un, avec la voix modeste mais assurée du vainqueur, et l'assemblée hocha gravement la tête : "Imbattable", admit le maître de maison, avec un sourire mi-figue mi-raisin, mais au fond admiratif. Puis on évoqua un livre qui était alors en vogue, et dont une phrase était alors célèbre – elle l'est d'ailleurs restée et le restera sans doute toujours – que l'auteur prononce après l'obligatoire et vain raclement de gorge, d'une voix encore enrouée d'émotion : "Auschwitz ne s'explique pas", comme ça, brièvement, la voix brisée par l'émotion, et je me rappelle mon étonnement en voyant comment ces gens qui, pour la plupart, n'étaient pas nés de la dernière pluie, prirent, analysèrent, discutèrent cette simple phrase, lançant de derrière leurs masques des regards rusés ou hésitants, ou avec les yeux plissés par l'incompréhension, comme si cette phrase affirmative qui étouffait dans l'œuf toute autre affirmation affirmait quelque chose, bien qu'il ne fallût pas être Wittgenstein pour le remarquer : rien qu'en considérant la simple logique linguistique, elle est fausse, elle reflète tout au plus des désirs, un mensonge ou

1. L'une des prisons de Budapest.
2. Siège de la Gestapo à Budapest pendant la guerre.
3. Siège de la police politique à Budapest à l'époque stalinienne.
4. Camp de travail hongrois après la guerre (jusqu'en 1953).

bien une moralité sincèrement enfantine et divers complexes refoulés, mais à part cela, elle n'a aucune valeur assertive. Je crois même l'avoir dit, et ensuite, je ne fis plus que parler, sans relâche, une vraie logorrhée, remarquant de temps en temps un regard de femme fixé sur moi, comme s'il voulait faire jaillir de moi une source, pensai-je au passage et vraisemblablement par erreur, au milieu de mon discours contraint, reflétant tout au plus des désirs et divers complexes refoulés, donc, voici ce qui me vint à l'esprit : c'était elle, celle qui serait ma femme, mais d'abord ma maîtresse, et dont je ne fis la connaissance qu'après cette conversation quand, fatigué, honteux et oublieux de tout, je me préparais à filer discrètement ("à l'anglaise", comme on dit), et alors elle franchit le tapis bleu-vert comme si elle marchait sur la mer. Je ne me souviens même plus de ce que j'ai dit, j'ai dû sans doute exprimer mon opinion qui n'a pas beaucoup changé depuis, si tant est qu'elle a changé tout court, ce que je ne crois pas le moins du monde, sauf que maintenant je n'exprime pas trop mes opinions, d'où mes vagues doutes concernant ces dernières ; mais à qui et à quoi pourrais-je exprimer mes opinions, et surtout où, puisque je ne traîne pas tout le temps dans ces maisons de repos perdues au milieu des montagnes pour tuer le temps qui ne passe pas, en compagnie de M. Obláth et de grands intellectuels du même acabit à exprimer des opinions, pensez-vous, je suis tout le temps, ou plutôt presque tout le temps, au quatorzième étage d'un bloc, dans un truc de deux pièces, allons bon, j'allais dire un appartement, Dieu me pardonne, je reste donc dans mon appartement qui est soit une fournaise, soit un carrefour de courants d'air (quelquefois les deux à la fois), mon chez-moi, regardant de temps en temps le ciel radieux ou les nuages où je creuse ma tombe avec mon stylo, consciencieusement, comme un forçat qu'on siffle tous les jours pour qu'il enfonce et fasse résonner plus profondément sa pelle, et qu'avec ce violon, il joue la mort sur une note plus sombre, plus douce ; alors, je peux dire mon opinion tout au plus aux tuyauteries qui ronflent, au chauffage central qui trépide et aux hurlements des voisins, dans ce bloc qui se dresse au cœur de Józsefváros[1], au cœur, mon œil, plutôt dans l'anus de ce quartier aux maisons à ras de terre, tellement saillant, tellement choquant, comme une jambe de bois démesurée : mais de ma fenêtre, je vois au moins – quelle surprise – derrière la vieille palissade qui tient encore debout, et je peux voir le secret misérable d'un jardin rabougri qui me travaillait sans cesse quand j'étais petit, mais maintenant, il ne m'intéresse plus du tout, il m'ennuie même carrément, tout comme d'ailleurs la pensée qu'à la suite de certaines circonstances (mon divorce, ma prédilection pour les solutions les plus mauvaises et pas toujours les plus simples, et puis à part ça, je ne roule pas sur l'or), donc à la suite de certaines circonstances, je suis revenu à l'endroit où j'ai passé quelques tristes étés et quelques vacances d'hiver quand j'étais petit, où j'ai également fait quelques

1. Quartier populaire de Budapest.

tristes expériences, et donc la pensée que je vis de nouveau ici pour tout le temps qui me reste à vivre, quatorze étages au-dessus de mon enfance, et par conséquent il est inévitable que des souvenirs d'enfance complètement inutiles m'assaillent de temps en temps, rien que pour me narguer, parce que ces souvenirs ont depuis très longtemps accompli ce qu'ils devaient accomplir : leur travail sournois de rats qui entament et rongent tout, et ils pourraient enfin me laisser tranquille. Mais pour en revenir, à quoi au fait ? à mon opinion – mon Dieu ! –, j'ai vraisemblablement dû dire que cette phrase, à savoir : "Auschwitz ne s'explique pas", est fausse déjà au niveau structurel, puisque ce qui *est* a toujours une explication, même si cette explication est par nature purement arbitraire, erronée, quelconque, mais c'est un fait qu'un fait a au moins deux existences, l'une factuelle et l'autre, pour ainsi dire, spirituelle, un mode d'existence spirituel qui n'est autre qu'une explication, un amoncellement d'explications, et qui plus est, une surexplication des faits, ce qui revient en fin de compte à les annihiler, ou tout au moins à les brouiller ; cette malheureuse phrase – "Auschwitz ne s'explique pas" – est aussi une explication, elle sert au malheureux auteur à expliquer que nous devons passer Auschwitz sous silence, qu'Auschwitz n'est pas, ou plutôt n'a pas été, car n'est-ce pas, seules les choses qui ne sont pas ou n'ont pas été ne sont pas explicables. Cependant, j'ai sans doute dû dire qu'Auschwitz a été, et donc *est*, et qu'il y a donc une explication, et il n'y a justement pas d'explication au fait qu'Auschwitz n'a pas été, c'est-à-dire qu'on ne pourrait pas expliquer qu'Auschwitz n'ait pas été, ne se soit pas produit, qu'un état du monde ne se soit pas réalisé dans le fait nommé "Auschwitz" (ceci dit pour rendre hommage à M. Obláth), oui, il n'y aurait justement pas d'explication à l'absence d'Auschwitz, par conséquent, il y a de l'Auschwitz dans l'air depuis très longtemps, peut-être depuis des siècles, comme le sombre fruit qui mûrit dans les rayons étincelants d'innombrables humiliations, attendant le moment de tomber sur la tête des gens, car enfin ce qui est est, et il faut que cela soit, car cela est : L'histoire du monde est l'image et le fait de l'esprit (citation de H.), parce que considérer le monde comme une suite de hasards arbitraires serait porter un regard assez indigne sur le monde (citation de moi-même), par conséquent n'oublions pas que : Celui qui regarde le monde rationnellement est regardé rationnellement par le *monde* : les deux se définissent mutuellement – disait encore H., pas H. le dictateur et chancelier, mais H. le grandiose visionnaire, le philosophe et fou qui sert des mets raffinés à tous les dictateurs, à tous les chanceliers et autres usurpateurs attitrés et qui, je le crains, a parfaitement raison, seulement nous devons étudier en profondeur le point de détail de savoir de *quelle sorte* est la raison dont l'histoire du monde est l'image et l'acte, et par suite, sur la rationalité *de qui* le monde porte-t-il son regard rationnel, pour qu'ensuite ils se définissent mutuellement – comme, hélas, ils le font – l'un l'autre, dis-je vraisemblablement à propos d'Auschwitz, vu que c'était et que c'est toujours mon opinion, l'explication se trouve à mon avis dans les vies particulières, exclusivement dans les vies particulières, nulle part ailleurs. A mon avis, Auschwitz est l'image et l'acte de vies particulières, du point de vue d'une certaine organisation. Que l'ensemble de l'humanité se mette à rêver, et naîtra nécessairement un Moosbrugger, l'assassin sadique et séduisant, comme on peut le lire dans *l'Homme sans qualités*, le livre de Musil, dis-je probablement. Oui, l'ensemble des vies particulières, et puis encore la technique de mise en ordre de cet ensemble : c'est toute l'explication, ni plus, ni moins, *tout ce qui est possible se produit, et n'est possible que ce qui se produit*, dit K., le grand, le triste, le sage, qui savait déjà en observant des vies particulières ce qu'il adviendrait quand des fous criminels considéreraient rationnellement le monde et qu'à son tour, le *monde* les considérerait rationnellement, c'est-à-dire qu'il leur obéirait. Et ne dites pas, dis-je encore vraisemblablement, que cette explication n'est que l'explication tautologique des faits par les faits, parce que oui, c'est une explication, même si je sais qu'il vous est difficile d'accepter que de vulgaires malfaiteurs nous gouvernent, c'est difficile même si par ailleurs vous les traitez de vulgaires malfaiteurs et savez qu'ils le sont et pourtant, dès qu'un fou criminel commet quelque chose non dans un asile d'aliénés ou dans un établissement pénitentiaire mais dans une chancellerie ou tout autre quartier général, vous vous mettez à chercher l'originalité, l'extraordinaire, vous n'osez pas le dire, mais dans le fond, c'est ça : vous cherchez la grandeur pour ne pas vous sentir vous-mêmes si petits, pour ne pas voir votre histoire mondiale si absurde, dus-je dire, oui, pour pouvoir continuer à porter un regard rationnel sur le monde et que le *monde* puisse porter sur vous un regard rationnel. Et il est parfaitement compréhensible, qui plus est, parfaitement respectable que votre démarche ne soit pas "scientifique", pas "objective" comme vous aimeriez le croire, mais elle ne l'est pas : c'est du pur lyrisme moralisateur, dans la mesure où il veut rétablir un ordre du monde rationnel, c'est-à-dire vivable, et par ces petites et grandes portes, les proscrits du monde se faufilent à nouveau dans le *monde*, du moins ceux qui en ont envie et qui croient que le *monde* sera désormais un lieu fait pour les hommes, mais c'est une autre histoire, dis-je vraisemblablement, sauf que le problème est que c'est ainsi que naissent les légendes, ce genre d'œuvres lyriques "objectives", ce genre de romans noirs scientifiques qui nous apprennent par exemple que ces grands hommes avaient un sens tactique exceptionnel, n'est-ce pas, comme si tous les paranoïaques et tous les maniaques n'induisaient pas en erreur et ne semaient pas le doute dans l'esprit de leur entourage et de leurs médecins avec leur sens tactique exceptionnel, puis que la situation sociale était comme ci, que la politique internationale était comme ça, puis que la philosophie, la musique et autres balivernes artistiques ont corrompu la façon de penser des gens, mais surtout qu'en fin de compte, le grand homme, il faut dire ce qui est, était un *grand homme*, il y avait en lui quelque chose de séduisant, de captivant, pour être bref et concis : quelque chose de *démoniaque*, parfaitement, un trait démoniaque auquel on ne peut tout simplement pas résister, surtout si on ne veut pas lui résister, parce que nous sommes justement à la recherche d'un démon, il y a si longtemps qu'il nous faut un démon pour nos sales affaires, pour satisfaire nos désirs sales, mais bien sûr un démon à qui on pourrait faire croire que c'est *lui* le démon, qui porterait sur ses épaules tout ce qu'il y a de démoniaque en nous, comme l'Antéchrist la Croix de fer, et qui ne nous glisserait pas effrontément entre les griffes pour se pendre prématurément, comme Stavroguine. Oui, vous divinisez ceux que vous considérez comme de vulgaires fous criminels, du moment qu'ils ont accaparé le sceptre et le globe, vous les divinisez même en les maudissant, vous énumérez les circonstances objectives, vous dites en quoi ils avaient *objectivement* raison, en quoi ils avaient *subjectivement* tort, ce qu'on peut comprendre *objectivement*, ce qu'on ne peut pas comprendre *subjectivement*, quelles intrigues se jouaient dans les coulisses, quels intérêts entraient en jeu, et vous êtes intarissables en explications, rien que pour sauver vos âmes et tout ce qu'on peut sauver, pour voir sous l'éclairage grandiose et théâtral des événements mondiaux le vulgaire brigandage, le crime et l'exploitation, auxquels tous, nous prenons ou avons pris part d'une façon ou d'une autre, dis-je vraisemblablement, tous autant que nous sommes ici, oui, pour récupérer des bribes du grand naufrage où *tout s'est brisé*, oui, rien que pour ne pas voir les siècles qui béent partout autour de vous, devant, derrière, dessous, le néant, le vide, c'est-à-dire notre situation réelle, pour ne pas voir ce que vous servez et la nature du pouvoir, la nature particulière de chaque pouvoir particulier, lequel pouvoir n'est ni nécessaire ni superflu, mais seulement une question de décision, de décision prise ou non dans les vies particulières ; il n'est ni diabolique, ni sophistiqué, il n'a pas cette grande classe fascinante, non, il est simplement vulgaire, ignoble, criminel, bête et hypocrite, et même au moment de ses plus grandes réalisations, il est tout au plus bien organisé, dis-je vraisemblablement, oui, fondamentalement *pas sérieux*, car depuis que les usines de la mort se sont ouvertes çà et là, et dans tant d'endroits, c'est fini, pendant un bon bout de temps il n'y aura plus rien de sérieux à prendre au sérieux, du moins en ce qui concerne l'image du pouvoir, de n'importe quel pouvoir. Et cessez enfin de répéter, dis-je vraisemblablement, qu'Auschwitz ne s'explique pas, qu'Auschwitz est le fruit de forces irrationnelles, inconcevables pour la raison, parce que le mal a toujours une explication rationnelle, il se peut que Satan en personne, ou bien Iago, soit irrationnel, mais ses créatures sont des êtres parfaitement rationnels, on peut déduire tous leurs actes, comme une formule mathématique ; on peut les expliquer par l'intérêt, la cupidité, la paresse, la volonté de puissance, la concupiscence, la lâcheté, telle ou telle satisfaction instinctive, ou en dernier lieu, en désespoir de cause, une folie quelconque – paranoïa, manie dépressive, pyromanie, sadisme, masochisme, mégalomanie démiurgique ou autre, nécrophilie, que sais-je encore, par laquelle des nombreuses perversités, et peut-être toutes à la fois, en revanche, dis-je vraisemblablement, écoutez-moi bien, ce qui est réellement irrationnel et qui n'a vraiment pas d'explication, ce n'est pas le mal, au contraire : c'est le bien. Voilà pourquoi il y a longtemps que les dictateurs, chanceliers et autres usurpateurs attitrés ne m'intéressent plus, quoi que vous puissiez dire d'intéressant à propos de leur monde spirituel, non, au lieu de la vie des dictateurs, il y a très longtemps que m'intéresse exclusivement la vie des saints, parce que c'est cela que je trouve intéressant et inconcevable, c'est à cela que je ne trouve pas d'explication simplement rationnelle ; et Auschwitz, même si cela sonne comme une sinistre plaisanterie, Auschwitz s'est avéré de ce point de vue une entreprise carrément fructueuse, si bien que même si cela vous ennuie, je vais vous raconter une histoire, et après, vous me l'expliquerez si vous pouvez. Je serai bref, parce que je suis en présence de vieux renards, et je dis des mots comme camp, hiver, transport de malades, wagons à bestiaux, une seule portion de nourriture froide par tête bien que nul ne sache combien de jours durera le voyage, la distribution des portions se fait par groupes de dix, et moi, couché sur quelques planches clouées ensemble en guise de brancard, je regarde fixement un homme, ou plutôt un squelette qu'on appelait, je ne sais pas pourquoi, "monsieur l'instituteur", et qui avait ma portion, puis la montée dans les wagons, l'effectif n'est jamais le bon, bien sûr, les cris, la confusion et un coup de pied, ensuite je sens qu'on me soulève et qu'on me met devant un autre wagon, il y a longtemps que je ne vois plus "monsieur l'instituteur" ni ma portion : en voilà assez pour que vous imaginiez exactement la situation. Et aussi ce que je ressentais : pour commencer, je n'avais pas pu donner à manger à mon éternel bourreau, la faim, cet animal féroce et exigeant qui m'est étranger depuis longtemps, et alors a rugi l'autre fauve, l'espoir, qui jusqu'alors n'avait fait que me répéter dans un ronronnement sourd, étouffé, certes, mais constant, qu'en dépit de tout, il y a toujours une chance de rester en vie. Mais comme je n'avais pas reçu ma portion, cela paraissait excessivement douteux, par ailleurs, et je le constatais froidement, ma portion doublait exactement les chances de "monsieur l'instituteur" – voilà pour ma portion, pensais-je, comment dirais-je, sans grande joie mais avec d'autant plus de lucidité. Mais qu'est-ce que je vois quelques minutes plus tard ? Criant et me cherchant fébrilement des yeux, "monsieur l'instituteur" titube vers moi avec dans la main une portion de nourriture froide, et dès qu'il me voit sur mon brancard, il me la pose vite sur le ventre ; je voudrais dire quelque chose et la surprise doit se lire sur mon visage parce que, bien qu'il regagne sa place en courant – si on ne l'y trouve pas, on le tuera tout simplement –, donc, l'indignation peinte clairement sur son petit visage qui se préparait déjà à mourir, il me dit : "Qu'est-ce que tu t'imagines ?!..."

Voilà l'histoire, et s'il est vrai que je ne désire pas considérer ma vie comme une suite de hasards arbitraires consécutifs au hasard arbitraire de ma naissance, parce que ce serait une façon assez indigne de voir la vie, je souhaite encore moins considérer que tout ceci s'est passé pour que je reste en vie, bien qu'il soit bel et bien vrai que "monsieur l'instituteur" a fait ce qu'il a fait pour que je reste en vie, ceci exclusivement de mon point de vue, bien sûr, parce que lui devait être mû par autre chose, il a dû faire surtout pour sa propre survie ce qu'il a fait accessoirement pour la mienne. Voilà donc la question, et expliquez-moi, si vous le pouvez, pourquoi il a fait ça. Mais n'essayez pas de le faire avec des mots, parce que vous savez bien vous aussi que dans certaines circonstances, pour employer une image : à certaines températures, les mots perdent leur consistance, leur contenu, leur signification, tout simplement, ils s'anéantissent, si bien qu'à l'état gazeux, seuls les actes, les actes nus font preuve d'un certain penchant pour la solidité, il n'y a que les actes que nous puissions presque prendre dans nos mains et les observer, comme un morceau de minéral muet, comme un cristal. Et si nous partons du principe, il est clair, n'est-ce pas, que nous ne pouvons pas partir d'un autre principe, que dans la situation extrême qu'est un camp de concentration, et surtout en pensant à la dégradation totale du corps et de l'esprit et à la diminution quasi morbide de la capacité de jugement qui s'ensuit, en général, chaque individu est mû par sa propre survie, qui plus est, si on pense que “monsieur l’instituteur” a eu la possibilité de doubler ses chances de survie, et qu’il a *rejeté* cette chance multipliée par deux, ou, pour être tout à fait précis, cette chance qui s’offrait à lui en plus de la sienne et qui était en réalité la chance d’un autre ; cela montre, comment dirais-je, que l’acceptation de cette chance supplémentaire aurait anéanti sa *seule* chance de vivre encore éventuellement et de rester en vie ; et donc d’après cela, *il y a* quelque chose, et à nouveau je vous en prie, n’essayez pas de la nommer, il *existe* une notion très pure que n’a altérée nulle matière étrangère – notre corps, notre âme, nos bêtes féroces –, une idée qui vit sous la même forme dans nos cerveaux, oui, une idée dont, comment dire, le caractère sacré, la sauvegarde, ou ce que vous voudrez, est la *seule chance réelle* de survie de “monsieur l’instituteur”, et sans cela, sa chance de survie n’en est pas une, simplement parce que sans la sauvegarde de cette notion, sans la possibilité pure et calme de l’observer, il ne veut pas, ou même il ne *peut* pas vivre. Oui, et à mon avis, cela ne s’explique pas, parce que ce n’est pas raisonnable, surtout par comparaison avec la rationalité palpable d’une portion de nourriture qui, dans la situation extrême qui s’appelle camp de concentration, peut permettre d’éviter la fin, pourrait le permettre, si cela ne se heurtait pas à la résistance d’une notion immatérielle qui balaie même les intérêts vitaux, et c’est, à mon avis, une preuve très importante dans ce grand métabolisme des destins qu’est à proprement parler la vie, plus, beaucoup plus importante que les lieux communs et les atrocités rationnelles que n'importe quel dictateur, chancelier et autre usurpateur attitré ait jamais racontés et puisse raconter, dis-je vraisemblablement… Mais j'en ai déjà assez de mes histoires, bien que je ne puisse les renier et les taire, parce que tout ce que j'ai à faire, c'est de les raconter, bien que je ne sache pas pourquoi je dois le faire, plus précisément, pourquoi j'ai le sentiment de devoir le faire, alors que bien sûr, je n'ai absolument rien à faire depuis que je n'ai plus rien à faire sur cette terre, et que je n'ai plus qu'une seule chose à faire, nous le savons tous, nous, et cela ne dépendra pas de moi, non, vraiment pas ; et maintenant, alors que je regarde mes histoires comme par-derrière, de loin, avec mélancolie, comme les volutes de fumée de ma cigarette, je vois se fixer sur moi un regard de femme qui semble vouloir faire jaillir de moi une source, et dans la clarté de ce regard, je comprends soudain, je comprends et vois presque mes histoires se tresser en un lacet sinueux, en nœuds tendres faits de fils colorés que j'enroule autour de la taille, de la poitrine, du cou de ma (future ex-)femme qui fut d'abord ma maîtresse, couchée dans mon lit, sa tête soyeuse posée sur mon épaule, je l'enlace et l'enchaîne à moi, nous tournons, virons, comme deux artistes de cirque bariolés qui ensuite, pâles comme un linge, s'inclinent les mains vides devant l'échec narquois. Mais – oui – *il faut au moins aspirer à l'échec* – comme dit le savant de Bernhard, parce que l'échec, et seul l'échec, reste l'unique certitude qu'on puisse acquérir, dis-je, et ainsi moi aussi, j'aspire à cela, si tant est que je doive aspirer à quelque chose, or il le faut, parce que je vis et écris, et dans les deux cas, c'est une aspiration, la vie étant une aspiration plutôt aveugle, tandis que l'écriture est une aspiration lucide, et ainsi bien sûr, c'est une autre aspiration que la vie, elle aspire peut-être à voir ce que la vie aspire à atteindre, et c'est pourquoi, ne pouvant pas faire autrement, elle répète la vie de la vie, elle ressasse la vie, comme si elle, l'écriture, était aussi la vie, alors qu'elle ne l'est pas, ce sont deux choses tout à fait différentes, fondamentalement incomparables, et ainsi, si on se met à écrire, et si on se met à écrire sur la vie, l'échec est garanti. Et maintenant, alors que, dans ma nuit profonde mais tourmentée par des lumières, des voix et des douleurs qui me lancinent, je cherche une réponse aux grandes questions, tout en sachant parfaitement qu'à toute grande question suprême il n'existe qu'une seule grande réponse suprême : celle qui résout tout, car elle fait taire la question et le questionneur, et pour nous en fin de compte, c'est la seule solution qui soit, c'est le but ultime de nos aspirations, même si par ailleurs nous en faisons abstraction, et d'ailleurs nous n'aspirons pas à cela, sinon nous n'aspirerions pas, quoique, en ce qui me concerne, je ne vois pas à quoi servirait de tourner autour du pot : pourtant, tandis que je ressasse ma vie – mon Dieu ! –, cette vie, et je me demande pourquoi, mis à part le fait que je dois travailler comme un maniaque, avec une application délirante, sans cesse, car c'est là que se trouvent les corrélations les plus sérieuses entre mon existence et mon travail, c'est tout à fait évident : pourtant, tandis que je ressasse ma vie, je suis vraisemblablement mû par un espoir secret de mon aspiration secrète, celui de connaître un jour cet espoir, et en attendant, je vais vraisemblablement écrire comme un maniaque, avec une application délirante, sans cesse, jusqu'à ce que je le connaisse, parce qu'après, à quoi bon écrire ? Et plus tard, alors que j'arpentais des rues plus ou moins obscures avec ma femme (future et ancienne), elle me demanda quel nom je donnerais à cette fameuse notion pure et que ne corrompt rien d'extérieur dont j'avais parlé durant cette soirée à propos de "monsieur l'instituteur" qu'elle avait qualifié au passage de "personnage très touchant" et qu'elle espérait rencontrer à nouveau dans un de mes textes, mais je glissai sur cette remarque, pour ainsi dire les yeux fermés, comme on ferme les yeux sur un petit défaut qui n'a pas le droit de rompre le charme, au moins pendant un instant, aussi longtemps que dure le charme, je rétorquai sans hésiter qu'à mon avis, cette notion était la liberté, d'autant plus que "monsieur l'instituteur" n'avait pas fait ce qu'il aurait *dû* faire, ou plutôt ce que selon la faim, l'instinct de survie et la folie, selon le système qui avait scellé une alliance avec la faim, l'instinct de survie et la folie, il aurait *dû* faire, mais lui, envers et contre tout, il avait fait ce qu'il *n'aurait pas dû* faire, et que nul esprit rationnel n'attendait de lui. Entendant cela, ma femme (qui ne l'était pas encore) resta coite puis soudain, et je revois son visage levé vers moi dans les lumières fuyantes de la nuit, d'une douceur à la fois trouble et scintillante comme sur les premiers plans dans les années trente, je me rappelle aussi sa voix que l'énervement et l'émotion d'avoir osé faisait trembler, c'est du moins ce que je croyais alors, et c'était peut-être le cas, mais finalement, pourquoi, puisque de toute façon, rien n'est jamais comme nous le croyons ou voulons le croire, le monde n'est pas notre *représentation*, mais un cauchemar plein de surprises inimaginables, soudain donc elle dit que, malgré toutes mes expériences, je devais être très solitaire et triste et très inexpérimenté, oui, pour à ce point ne pas croire aux hommes, pour être obligé de fabriquer des théories afin d'expliquer un geste naturel (oui, elle dit : naturel), *naturel* et humain ; et je me rappelle à quel point je fus troublé par ces paroles, cette remarque à la fois dilettante, touchante et inadmissible, je m'en souviens, oui, comme je me souviens de son sourire, d'abord timide, devenant interrogateur, puis rapidement assuré, de cette mimique que j'ai si souvent essayé de provoquer par la suite, parce qu'en un certain sens, elle m'a toujours émerveillé, au début délicieusement, et plus tard, quand je n'ai plus su la provoquer, douloureusement, en d'autres termes : au début, par sa réalité, plus tard, par son absence, et encore plus tard par son seul souvenir, comme ça arrive toujours et comme ça doit visiblement arriver, puisque ce n'est jamais autrement, je me souviens de tout cela, de mes sentiments devenus brusquement intenses, presque désagréablement présents et troubles, et encore plus de sa question qui me demandait si elle pouvait me prendre le bras. Bien sûr, répondis-je. Mais à cet endroit précis, il serait bon que je raconte dans les grandes lignes comment je vivais à cette époque, pour comprendre et prendre conscience de ce qu'il me faut comprendre et dont il me faut prendre conscience : en quoi cet instant était-il différent d'autres instants similaires, durant lesquels, exactement comme à cet instant-là, il se décidait que j'étais sur le point de coucher avec une femme ? Je dis "il se décidait" car même s'il est vrai – et naturellement, rien n'est plus naturel –, que je suis pour une bonne part dans ce genre de décision, et que j'apparais carrément comme l'initiateur, c'est du moins ce qu'il semble, ce n'est toutefois pour ainsi dire jamais une décision, au contraire, cela se présente à moi comme une aventure qui rend toute décision impossible, comme un tourbillon qui s'ouvre devant mes pieds, et alors, telle une cascade, mon sang assourdit en moi toute autre réflexion, et je connais parfaitement à l'avance l'issue de cette aventure, si bien qu'en ce qui concerne la décision, je ne déciderais sans doute pas, si j'en avais la possibilité, de me décider à une telle aventure. Mais c'est peut-être justement cette contradiction, ce tourbillon qui m'attirent. Je ne sais pas, je ne sais pas. Car cela m'est déjà arrivé plus d'une fois, la même chose et de la même façon, si bien que je dois déduire de cette répétition régulière une sorte de loi qui me meut et me dirige en secret : une femme, avec son sourire timide, sa démarche glissante, ses cheveux défaits, avec le masque archaïque de la servante aux pieds nus, demande doucement et modestement qu'on la laisse entrer, que dois-je dire pour ne pas devoir dire cette banalité que je dirai quand même, car que pourrais-je dire d'autre, puisque cette ruse marche depuis la nuit des temps, et de surcroît, merveilleusement : elle demande que je la laisse entrer dans mon ultimum moriens, c'est-à-dire dans mon cœur, là elle regarde autour d'elle avec un sourire aimable et curieux, elle touche à tout avec ses mains délicates, elle aère les coins renfermés, époussette ceci, jette cela pour y mettre ses propres affaires, elle s'y installe joliment, confortablement et irrésistiblement, jusqu'à ce que je me rende compte qu'elle m'en a complètement chassé, si bien que c'est avec angoisse, comme un étranger exilé, que je rôde autour de mon propre cœur qui ne m'apparaît plus que comme une lointaine porte fermée, comme aux sans-logis les foyers chaleureux des autres ; et bien souvent, je ne pouvais réemménager que si je venais en tenant par la main une autre femme que j'installais à son tour. Ce n'est qu'après une liaison durable, d'une durée presque gênante, interminable, que j'ai analysé tout cela si précisément, je pourrais dire figurativement, ainsi qu'il convient à mon travail d'écrivain et de traducteur, cette liaison donc m'avait plutôt éprouvé, du moins le croyais-je, et comme j'y voyais une menace pour la *liberté* qui est nécessaire – que dis-je nécessaire, indispensable – à mon travail, elle m'a amené à être dorénavant prudent et, en même temps, à poursuivre mes réflexions. Surtout parce qu'il avait fallu que je me rende compte que le fait de retrouver ma liberté tant désirée ne m'avait pas donné l'ardeur au travail que j'attendais de ce retournement, au contraire, je dus admettre avec stupéfaction que tant que je luttais pour ma liberté, mon indécision me faisant tour à tour rompre et revenir, je travaillais avec plus d'ardeur, je pourrais dire avec plus de colère et par conséquent plus de résultats qu'à ce moment où j'étais à nouveau libre, certes, mais d'une liberté faite seulement de vide et d'ennui ; tout comme beaucoup plus tard, un autre état, à savoir le bonheur que j'ai vécu avec ma femme pendant notre liaison puis au début de notre mariage, m'apprit que cet état, c'est-à-dire le bonheur, exerçait aussi une influence défavorable sur mon travail. Voilà pourquoi je commençai par examiner mon travail, pour découvrir sa nature, savoir pourquoi il m'imposait des exigences si accablantes, en tout cas fatigantes, souvent carrément irréalisables, presque suicidaires, et même si à l'époque j'étais encore loin – mon Dieu ! –, si loin de la véritable lucidité, de la connaissance de la véritable nature de mon travail qui n'est fondamentalement rien d'autre que de creuser, continuer et finir de creuser cette tombe que d'autres ont commencé à creuser pour moi dans l'air, j'ai en tout cas compris que tant que je travaille, je suis, que si je ne travaillais pas, qui sait si je serais, si je *pourrais* être, ainsi donc les corrélations les plus sérieuses relient mon existence et mon travail dont l'une des prémisses est, semble-t-il, le malheur, croyais-je, car bien que ce soit triste pour moi, je ne pouvais pas croire autre chose, mais bien sûr pas un malheur qui m'ôterait aussitôt toute possibilité de travail, comme la maladie, l'absence de toit, la misère, sans parler de prison ou de choses semblables, mais plutôt ce malheur que seules les femmes peuvent m'offrir. Par conséquent, et d'autant plus que j'étais justement en train de lire un écrit de Schopenhauer sur *l'intentionnalité apparente dans le destin de l'individu*, texte qu'on peut trouver dans l'un des tomes de *Parerga et paralipomena* que je m'étais procurés chez un bouquiniste à l'époque de la liquidation des bibliothèques qui faisait suite au grand bouleversement national et à la vague d'émigration, et à si bon marché que j'avais pu me payer ces quatre épais volumes noirs qui avaient survécu à tous les autodafés, censures, pilonnages, à tous les Auschwitz de livres : ainsi, dis-je, je n'excluais pas totalement la possibilité que, pour employer la plus démodée des expressions d'une psychanalyse complètement désuète, j'avais peut-être un petit complexe d'Œdipe, ce qui finalement, eu égard aux circonstances quelque peu anormales de ma jeunesse, ne serait pas vraiment étonnant, pensai-je. A présent, la seule question qui demeure, me disais-je, est de savoir si je suis marqué par le rôle de fils-de-père ou celui de fils-de-mère (même si ce n'est pas en tant que déterminant exclusif, puisque la seule possibilité de cette auto-analyse est plus qu'encourageante, pensai-je) et je me répondis que c'était sûrement le rôle de fils-de-mère, de fils-de-mère repoussé qui transparaît quelquefois dans mon comportement. Comme en témoignent mes notes de l'époque, j'allai jusqu'à en faire une théorie selon laquelle le fils-de-père repoussé penche plutôt vers une problématique transcendantale, tandis que le fils-de-mère, catégorie dans laquelle je me classais, penchait plutôt vers la matière malléable et modelable, était réceptif à la plasticité et croyait trouver des exemples de l'un dans Kafka et de l'autre dans Proust et Joseph Roth. Et même si cette théorie tient très difficilement la route, et aujourd'hui j'hésiterais non seulement à l'écrire mais aussi à l'aborder comme un thème anodin de conversation vers minuit, vu que ça ne m'intéresse tout simplement plus, oh, c'est déjà si loin, et si même je m'en souviens, c'est seulement comme d'un petit pas hésitant, déboussolé, sur la longue, longue route, et qui sait combien elle durera encore, de la véritable lucidité, c'est-à-dire de mon autoliquidation consciente ; quoi qu'il en soit, c'est un fait que, comment dirais-je, l'avantage de ce complexe coulait de moi vers mon travail, tandis que ses désavantages coulaient en retour de mon travail vers moi, si bien que je pouvais déduire de l'intentionnalité apparente – peut-être pas de mon destin mais de mon comportement acquis d'alors – que je réalisais en secret, créais quasiment la situation et le rôle du fils-de-mère repoussé, sans doute à cause de cette douleur particulière, je dirais même voluptueuse si je n'avais pas un peu honte, dont j'ai visiblement un besoin absolu pour mon travail (naturellement outre la *liberté* dont j'ai besoin en premier lieu). Oui, parce qu'il semble que finalement dans ma douleur, je découvre des forces créatrices, peu importe à quel prix, et peu importe si ce n'est qu'une vulgaire compensation qui a pris forme dans cette force créatrice, l'essentiel est qu'elle ait pris forme, et à travers la douleur, je vis une sorte de vérité, et si je ne la vivais pas, peut-être, qui sait, me laisserait-elle froid : si bien que l'image de la douleur se confond en moi toujours et intimement avec l'image de la vie, et – j'en suis absolument sûr –, avec son image la plus réelle. Et ainsi donc, je trouvai une explication au phénomène dont j'ai parlé plus haut, à savoir pourquoi mon ardeur au travail diminuait quand j'étais en pleine possession de ma liberté, tandis qu'elle croissait quand, l'âme tourmentée, je luttais pour ma liberté : à l'évidence, la névrose provoquée par mon complexe (à moins qu'il ne soit provoqué par elle) fait qu'en phase d'apaisement, mon ardeur au travail diminue, en revanche dès qu'un nouveau choc éveille ma névrose latente, mon ardeur au travail s'embrase. C'est désormais tout à fait clair et simple, pensera-t-on, il suffit de veiller à avoir constamment des facteurs déclencheurs qui nourriraient sans cesse le feu de mon travail – et je le formule précisément d'une manière aussi abrupte pour que l'absurdité de la chose me saute immédiatement aux yeux. Parce qu'en terminant cette auto-analyse, je liquidai mon complexe et ressentis tout naturellement du dégoût, pas seulement pour mon complexe, mais aussi pour moi-même qui engraissais ce complexe sans me l'avouer, me jouant la comédie, ce complexe qui dénonce une immaturité spirituelle, trahit une fragilité inadmissible, ce complexe idiot, infantile, alors que rien ne me répugne plus que l'infantilisme. Comme ça au moins, je m'étais guéri de ce complexe, ou plutôt je me déclarais guéri, bien sûr pas tant dans l'intérêt de ma santé que pour recouvrer mon amour-propre, si bien que lorsque peu de temps après j'eus une relation avec une autre femme, je posai la condition apparemment cruelle mais très pragmatique que le mot "amour" et ses synonymes ne fussent jamais prononcés, et donc que notre amour ne pourrait durer que tant que nous ne serions pas amoureux, tous les deux ou seulement l'un d'entre nous, peu importe, car à la minute où ce malheur arriverait à l'un de nous voire à tous les deux, il faudrait mettre un terme immédiat à notre relation ; et ma partenaire, appelons-la ainsi, qui elle aussi sortait à peine d'un grave accident amoureux, accepta cette réserve sans discuter (apparemment du moins), bien que l'harmonie même de notre relation eût tôt fait de troubler et de ronger cette relation, je n'ai aucun doute à ce sujet, si entre-temps je n'avais pas rencontré mon ancienne, alors encore future, épouse, ce qui finalement (du moins en ce qui me concerne) constitua une solution radicale. D'ailleurs à cette époque, j'habitais encore en meublé ce qui semblait, c'est indéniable, pour ainsi dire inimaginable après presque deux décennies de stabilisation alors que, certes souvent au prix d'un infarctus, d'un diabète, d'un ulcère chronique, d'une dépression psychique et physique, d'une corruption morale et financière ou, dans le meilleur des cas, de la désintégration totale de la vie de famille, certains de mes amis, connaissances, ou comment dire, avaient acquis un logement ; en ce qui me concerne, je ne pensais pas à ça, et si j'y pensais, je pensais ne pas pouvoir y penser, tout simplement parce que j'aurais dû pour cela vivre autrement, essentiellement sous le signe de l'argent, de l'accumulation d'argent, et cela aurait entraîné tant de concessions, d'errances, de compromis, pour tout dire tant de *désagréments*, même si entre-temps je m'étais bercé de l'illusion que ce n'était que *provisoire*, que cela prendrait fin quand j'aurais atteint mon but, car comment pourrions-nous ne pas vivre autrement, même à titre provisoire, que de la façon dont nous devons toujours vivre sans que les conséquences néfastes de ce fait ne se répercutent sur notre vie normale, à savoir celle que nous nous sommes imposée, où malgré tout nous sommes seigneur et maître, si bien que je n'ai pas pu, et je n'avais d'ailleurs pas envie de le faire, prendre sur moi toutes ces absurdités, les désagréments de l'acquisition d'un logement en Hongrie qui auraient menacé avant tout ma *liberté* spirituelle mais aussi mon indépendance par rapport aux choses extérieures, cette menace aurait été totale et j'aurais donc dû lui opposer une résistance totale, c'est-à-dire avec toute ma vie. Et à vrai dire, je dois donner raison à ma femme qui, après avoir découvert ma situation grâce à sa pénétrante persévérance et ses questions irrésistibles, me dit, avec cette expression du visage que je commençais à connaître et qui, pensais-je à l'époque, me fait l'effet d'un lever de soleil toujours inattendu et merveilleux, que je m'emprisonnais au nom de ma liberté. Oui, il y avait sans aucun doute du vrai là-dedans. Ou plutôt, c'était l'exacte vérité. Qu'entre la prison de l'acquisition d'un logement et la prison de la pénurie de logement, cette dernière me convenait mieux, puisque c'est dans cette prison-là – celle de la pénurie – que je pouvais faire ce que j'aimais, vivre pour moi, à l'abri, caché et pur, jusqu'à ce que cette prison ou peut-être plutôt, si l'on tient aux comparaisons, cette boîte de conserve s'ouvre soudain au coup de baguette magique de ma femme, et mon meublé m'apparut vulnérable, découvert, corruptible, et de ce fait intenable, aussi intenable que ma vie ultérieure, et actuelle et, je crois, aussi intenable qu'apparaît toute vie si nous l'observons à la lumière de la prise de conscience, puisque c'est justement le caractère intenable de notre vie qui nous mène à nos prises de conscience, à la lumière desquelles nous prenons conscience du fait que notre vie est intenable – et elle l'est effectivement, puisqu'on nous la prend. Oui, je vivais en meublé comme si je ne vivais pas tout à fait, réduit, provisoire, distrait (ne prenant au sérieux que mon travail) avec ce sentiment non éclairci, mais sûr et de ce fait ne nécessitant pas d'éclaircissement, qu'il faut bien remplir de quelque chose (de préférence avec du travail) le temps d'attente indécise qui sépare mes deux seules occupations réelles, ma naissance et ma mort ; pourtant, seul ce temps d'attente m'appartient, je ne peux rendre compte que de ce temps-là, quoique je ne sache pas à qui et pourquoi je dois rendre des comptes, et peut-être d'abord à moi-même, pour prendre conscience de ce dont je dois encore prendre conscience, et faire ce que je peux encore faire, et ensuite à tout le monde, c'est-à-dire à personne, c'est-à-dire à n'importe qui aura honte à cause de nous et (éventuellement) pour nous, puisque je ne peux rendre compte du temps d'avant ma naissance pas plus que du temps d'après ma mort, si tant est que ces deux états ont quoi que ce soit en commun avec *mon unique temps*, et je doute fort qu'ils puissent avoir quoi que ce soit en commun. Et maintenant que, dans la clarté de ma nuit tombante, avec certes le regard froid du professionnel mais non sans une certaine partialité, j'observe et pèse longuement ma vie en meublé, je crois soudain reconnaître son image primitive, je crois la reconnaître dans ce qui fut, il y a pourtant si peu d'années, mais c'est une éternité, ma vie en camp, plus précisément dans cette partie de ma vie en camp qui n'en était plus vraiment une, vu que des soldats libérateurs avaient pris la place des soldats geôliers, mais c'était quand même une vie de camp car je vivais encore dans un camp. Juste le lendemain de ce changement de situation – c'est-à-dire quand les soldats libérateurs eurent pris la place des geôliers – en sortant de la *Saal*, c'est-à-dire de la salle où j'étais alité, puisque j'étais malade, pour ne pas en dire plus, ce qui en soi, bien sûr, justifiait à peine mon séjour à l'infirmerie, mais le concours de certaines circonstances qui apparaissait comme une chance à peine plus surprenante que le malheur habituel, avait fait que j'étais quand même à l'infirmerie, et le lendemain matin, je me traînai hors de la *Saal*, c'est-à-dire de la salle, vers ce qu'on appelait les toilettes, et quand j'ouvris la porte et que je voulus continuer vers les lavabos ou peut-être d'abord vers l'urinoir, j'eus l'impression, et je ne trouve rien de plus pertinent que cette expression lamentable parce que ça s'est littéralement passé ainsi, d'être cloué au sol, car *un soldat allemand se tenait près des lavabos, et quand j'étais entré, il avait lentement tourné la tête vers moi* ; et avant même que de peur, j'aie pu m'effondrer, faire dans mon pantalon, m'évanouir, ou qui sait quoi, je discernai à travers le brouillard de ma terreur un geste, un geste de la main du soldat allemand qui m'invitait à m'approcher, et je vis un torchon dans cette main, puis un sourire, le sourire du soldat allemand, c'est-à-dire que je compris petit à petit que le soldat allemand ne faisait que *récurer le lavabo* et que son sourire n'exprimait que sa serviabilité envers moi, *qu'il récurait le lavabo pour moi*, c'est-à-dire que l'ordre du monde avait changé, mais il n'avait changé que dans la mesure où, et en ce sens le changement n'était pas tout à fait négligeable, la veille c'était encore moi le prisonnier, tandis que là, c'était lui, et cela dissipa ma terreur de façon qu'avec le temps, cette sensation brutale s'émoussa pour devenir une méfiance durable et indestructible, on peut dire qu'elle mûrit en moi au point de devenir une vision du monde, ce qui donna à la suite de ma vie en camp, parce que je vécus encore longtemps au camp en tant qu'homme libre, ce qui donna donc à ma vie en camp une saveur et un goût particuliers, la sensation de la vie retrouvée, inoubliable et douce, mais aussi prudente, car je vivais, certes, mais je vivais *comme si les Allemands pouvaient revenir à chaque instant*, c'est-à-dire que je ne vivais pas tout à fait. Oui, il faut croire que dans mon meublé, sans doute de façon inconsciente, et aussi cédant aux circonstances, aux contraintes de la pénurie de logements, je prolongeais cette sensation, la sensation inoubliable, douce et prudente de ma vie d'homme libre au camp, cette sensation antérieure et postérieure à toute prise de conscience, sur laquelle ne pèsent pas les contraintes et surtout pas le poids de la vie, à savoir que je vivais, certes, mais je vivais comme si les Allemands pouvaient revenir à chaque instant ; et si j'accorde une signification symbolique à cette façon de voir, ou façon de vivre, ou que dire d'autre, elle paraît tout de suite moins absurde, car c'est un fait, dans un sens symbolique, il est vrai que les Allemands peuvent revenir à tout instant, *der Tod ist ein Meister aus Deutschland, sein Auge ist blau*, la Mort est un maître allemand aux yeux bleus qui peut venir n'importe quand, te trouver n'importe où, il te vise et ne te rate pas, *er trifft dich genau*. Je vivais donc ainsi dans mon meublé, si bien que je ne vivais pas tout à fait, et il est indéniable que je ne vivais pas tout à fait, je vivotais, oui, je *survivais* pour être précis. Il est évident que ça a laissé en moi des traces profondes. Je pense que certaines de mes bizarreries évidentes viennent de là. Je crois que je devrais parler ici par exemple de mon rapport à la propriété qui fait vivre, s'agiter les gens et les rend fous, de ce rapport qui en fait n'existe même pas, ou tout au plus en tant que négativité absolue. Je ne crois pas, et je ne peux pas imaginer, que cette négativité soit innée, soit une sorte de handicap, sinon comment expliquerais-je mon attachement maladif à certaines petites choses que je possède (les livres), ou justement à la chose la plus importante que je possède, moi-même, comment expliquerais-je que cette propriété considérée malgré tout comme la plus importante – moi-même –, je l'ai toujours protégée résolument, on pourrait dire radicalement, d'une part de toutes les sortes d'autodestruction pratiques qui ne seraient pas le verdict de mon libre arbitre, d'autre part de la séduction facile et perverse de toute idée commune, ce qu'au demeurant je pouvais classer parmi les moyens d'autodestruction, et je la protège de plus en plus, même si, bien sûr, je la garde pour une autre sorte de destruction ; non, il n'y a aucun doute, mon rapport négatif à la propriété est la survivance de ma survie, ce mode d'existence si particulier et dans un certain sens pas complètement stérile bien que malheureusement intenable qui avait fait apparaître comme allant de soi ma vie en meublé, dans cette chambre que j'occupai pendant les années les plus sombres, dont néanmoins, selon les lois malignes de l'enfer, nous devions clamer à haute voix, en chœur et sans cesse qu'elles étaient les plus radieuses, et où on m'avait accueilli presque en sauveur, car ma présence semblait protéger l'unique pièce attribuable, saisissable, confiscable, réquisitionnable, etc., etc., de cet appartement assez agréable, situé dans une petite rue calme de Buda, et c'est justement pourquoi on ne me demandait qu'un loyer pour ainsi dire symbolique qui durant les années suivantes n'augmenta pour ainsi dire que symboliquement, alors voilà, dans ce meublé je ne pensais pas à la propriété, ni au début, alors que je ne pouvais pas encore y penser, ni plus tard, alors que j'aurais déjà dû y penser, n'est-ce pas, là je n'étais vraiment pas menacé par les dangers qui accompagnent la propriété, les démarches pénibles et désespérées à cause d'une fissure au plafond, d'un tuyau qui fuit et autres ennuis, les réflexions sur le bien qu'on possède, savoir s'il est satisfaisant ou s'il ne faudrait pas en acquérir un autre, ou qui soit au moins plus satisfaisant, bien sûr en tirant le meilleur profit possible du bien possédé mais devenu insatisfaisant, c'est-à-dire en le revendant, non, je n'ai pas pu être effleuré par l'idée fixe du changement, cette démangeaison qui me mettrait constamment devant des changements imaginaires, qui me titillerait sans cesse, me donnant l'illusion de pouvoir échanger mon ici contre un ailleurs, échanger mon logement en préfabriqué contre un meilleur, bien sûr au prix de démarches, d'un supplément, d'ennuis administratifs et autres complications imprévisibles, même si je ne sais pas ce qui me satisferait le plus, vu que je ne connais pas suffisamment mes désirs, et je n'ai encore rien dit des problèmes insurmontables de l'ameublement, en conséquence de quoi après tout ce temps, mon logement actuel n'est toujours pas correctement aménagé, tout simplement parce que je ne sais pas comment je devrais l'aménager, je n'ai pas la moindre idée de l'appartement que j'aimerais avoir et de quels objets je voudrais le voir meublé. Dans mon meublé, un certain nombre d'objets appartenaient aux propriétaires et au cours des longues, longues années que j'ai passées parmi eux, il ne m'est jamais venu à l'esprit de déplacer ces objets, et encore moins de les remplacer par d'autres, ou éventuellement de les multiplier avec des objets nouveaux, seulement parce que, disons, j'aurais vu, désiré et acheté un objet (excepté les livres, mes livres que je mettais d'abord dans l'armoire, puis quand elle fut pleine, sur la table, et quand celle-ci fut encombrée, je les posai simplement par terre jusqu'à ce que le propriétaire m'installât une bibliothèque basse supplémentaire) : non, dis-je, je ne désirais, n'achetais et vraisemblablement ne voyais pas les objets, rien ne me désespère plus qu'une vitrine remplie d'objets, de telles vitrines me démoralisent au sens strict du terme, me donnent le cafard, me désolent, ainsi donc, comme je le disais, je préfère ne pas les voir, ce qui montre clairement que je ne peux guère avoir ce genre de désir, et je suis vraiment content quand je me retrouve dans des structures préétablies où tout ce que j'ai à faire est d'accepter cette constellation, d'en prendre connaissance et de m'y habituer. Je crois que je suis né pour habiter à l'hôtel, mais comme le monde a changé, je n'ai pu habiter que dans des camps et des meublés – notai-je alors dans mon carnet et maintenant, des dizaines d'années plus tard, je le recopie dans cet autre carnet et je suis assez surpris de constater que j'avais déjà noté de telles choses à cette époque, ce qui montre que je me rendais déjà assez bien compte de ma situation, de ma situation intenable et de l'intenabilité d'une vie intenable. Je me souviens que je souffrais beaucoup à cause d'une sensation, qu'en vérité je pourrais appeler une maladie et que pour mon propre usage j'avais nommée "sentiment d'altérité". Depuis ma plus tendre enfance, je connais bien cette sensation qui ne me quitte jamais, mais alors elle me hantait de façon dangereuse, m'empêchait de travailler le jour, de dormir la nuit, j'étais à la fois tendu à l'extrême et abattu jusqu'à l'impuissance. C'est une maladie nerveuse bien fondée, nullement imaginaire, moi du moins je crois que dans le fond, elle s'appuie sur la réalité, sur la réalité de notre condition humaine. En général ça commence par une impression d'étonnement, d'autres fois en revanche, surtout à cette époque-là, par l'impression extrêmement violente que ma vie ne pend qu'à un fil, mais pas au sens où je vais vivre ou mourir, il n'est pas question de la mort, il n'est justement et exclusivement question que de la vie, sauf que celle-ci fait soudain apparaître en moi l'image et la forme, plus précisément, l'absence de forme de l'incertitude la plus totale, si bien que je ne suis pas sûr du tout de sa réalité, oui, je suis plein de doutes envers ce que mes sens présentent comme réel mais qui est très douteux, en somme, je me méfie de l'existence *réelle* de mon environnement et de moi-même, et je suis relié à cette existence, comme je l'ai déjà dit, par ce genre d'expériences, que je devrais peut-être plutôt nommer crises, donc au cours de ces expériences semblables à des crises, je ne suis relié à la vie, celle de mon environnement et la mienne, que par un fil, et ce fil c'est seulement ma raison, rien d'autre. Or ma raison est non seulement encline à l'erreur, le moins que je puisse dire est que ce n'est pas un instrument ou, comment dire, un organe des sens parfait, mais de surcroît elle fonctionne la plupart du temps péniblement, par à-coups, confusément, et parfois à peine. Elle ne suit mes activités que comme un homme enrhumé suit du fond de son lit les gestes affairés de quelqu'un *d'autre*, enregistrant tout avec retard, et bien qu'il essaie de diriger d'une voix terne la gesticulation, les activités de *l'autre*, mais si ce dernier n'obéit pas, ou tout simplement n'entend pas, le malade se résigne et renonce à poursuivre ses efforts. Oui, c'est un "sentiment d'altérité", un état d'exil total, qui ne contient même pas le moindre soupçon de fantastique, de choquant, d'imaginaire, il me tourmente seulement avec l'ennui de la routine, du quotidien, oui, c'est une pure absence de chez-moi qui ne sait et ne m'apprend rien sur un chez-moi que j'aurais abandonné ou qui m'attendrait, et quand je suis dans cet état, je me demande souvent quel sorte de chez-moi serait la mort. Sauf qu'alors, me répondais-je à chaque fois, il faudrait que je croie à l'au-delà, alors que le problème est que je ne peux même pas croire à ce bas monde, surtout quand je suis dans cet état, quand je me sens obligé de me poser ces questions et que je considère l'existence d'un autre monde, d'un au-delà, aussi absurde que celle de ce monde-ci, c'est-à-dire que je ne considère pas du tout l'existence d'un autre monde, c'est-à-dire de l'au-delà, comme inconcevable, mais pas imaginable non plus, toujours est-il que s'il existe, il est sûr qu'il n'existe pas pour *moi*, parce que moi, je suis *ici*. Et encore, à peine ; je ne vis qu'à moitié, et cela me remplit d'un innommable sentiment de culpabilité. A ces moments-là, j'ai souvent essayé – j'essaie toujours – de me dégriser, pour ainsi dire, mais en vain, il semble que je ne peux entrer en contact avec la vie que sous la forme d'un jeu logique, comme quand on joue aux échecs ou qu'on fait des calculs sur une feuille de papier et que le résultat abstrait, d'une façon impénétrable, donne soudain naissance à une réalité : comme lorsque, et c'était alors mon exemple préféré, je l'ai même écrit dans un cahier d'où je le recopie à présent, et donc comme lorsque, écrivais-je, on prend deux fils, disons, qu'on les relie avec une vis, qu'on introduit l'un des bouts dans un trou dans le mur, qu'on appuie sur un bouton et que la lampe s'allume ; il s'agit d'un calcul de probabilité purement conscient, écrivais-je, le résultat étant celui qu'on attendait, il n'en reste pas moins que c'est étonnant et même, dans un certain sens, incompréhensible, écrivais-je. Tout, tout n'est que conséquence, condition, probabilité, il n'y a aucune certitude nulle part, aucune évidence, écrivais-je. Quelle est mon existence, pourquoi suis-je, quelle est mon essence : je ne cherche même pas, écrivais-je, manifestement sans espoir, des réponses mais des signes dignes de foi ; et mon corps aussi m'est étranger qui me tient en vie et finira par me tuer, écrivais-je. “S’il m’arrivait une fois, une seule fois dans ma vie, de vivre durant un instant au rythme des fonctions détoxicatives de mes reins et de mon foie, des fonctions péristaltiques de mon estomac et de mes intestins, aspiratoires et expiratoires de mes poumons, systoliques et diastoliques de mon cœur, ainsi que des échanges constants de mon cerveau avec l’extérieur, de la figuration des pensées abstraites de mon esprit, et aussi de la conscience pure de ma conscience de tout et de moi-même, et la présence obligatoire et néanmoins clémente de mon âme transcendante : si pendant un seul instant je me *voyais*, *connaissais*, *possédais* ainsi moi-même, tandis qu’il ne saurait bien sûr être question ni de propriétaire ni de propriété, alors peut-être se réaliserait tout simplement mon *identité* qui ne s’est jamais, jamais réalisée ; si donc un seul de ces instants irréalisables se réalisait, cela ferait peut-être disparaître mon “sentiment d’altérité”, cela m’apprendrait à *savoir*, et je saurais seulement alors ce qu’être signifie. Mais comme c’est impossible, nul n’ignore que nous ne savons et ne pouvons pas savoir ce qui *cause* la *cause* de notre présence, nous ne connaissons pas le but de notre présence, et nous ne savons pas pourquoi nous devons disparaître si déjà nous sommes apparus, écrivais-je. Je ne sais pas, écrivais-je, pourquoi à la place de la vie qui existe peut-être quelque part, je dois vivre ce fragment qui m’a été donné par hasard : ce sexe, ce corps, cette conscience, cet espace géographique, ce destin, cette langue, cette histoire, ce meublé, écrivais-je. Et à présent que je recopie ce que j'ai écris alors, je revois soudain une nuit, un rêve ancien, ou plutôt un état de veille, à moins que ce ne soit un rêve éveillé, ou une veille onirique, je ne sais plus, mais je m'en souviens avec une précision extraordinaire, comme si c'était hier. Je m'étais réveillé en sursaut, ou je venais de sombrer dans le sommeil, je ne sais plus et ça n'a aucune importance, à cause d'un "sentiment d'altérité" d'une violence inhabituelle. C'était une nuit lumineuse, pareille à ma nuit actuelle, brillante comme du velours noir et transie d'une espèce de conscience immobile, muette mais inébranlable et soudain je compris : il était pour ainsi dire totalement impossible que cette conscience aiguë, douloureuse cessât et disparût purement et simplement de la surface du globe. Oui, et cette conscience semblait ne pas être *la mienne* mais plutôt une conscience *de moi*, et ainsi je savais qu'elle existait mais je ne pouvais pas en disposer, comme si cette conscience n'appartenait pas exclusivement à moi mais était une conscience toujours existante et présente dont je ne pouvais tout bonnement pas me libérer et qui me tourmentait à mort, en vain et pour rien. D'autre part, j'avais le net sentiment que cette conscience douloureuse n'était en réalité pas malheureuse, et si moi, toujours en tant qu'objet de cette conscience, j'étais malheureux en cet instant, c'était plutôt le fait de la conscience de ma propre impuissance face à cette conscience, à cette conscience inexorable, éternelle, obsédante et, je le répète, pas du tout malheureuse. Totalement réveillé, ou totalement endormi, puisque je dis que c'est égal, il me fut donc impossible plus tard de ne pas en déduire le mystère, ou plutôt il m'était impossible de ne pas penser au fait que cette conscience était une *partie* de quelque chose qui m'englobait moi aussi, mais qui n'appartient ni à mon corps, ni à mon esprit, bien qu'étant transmise par ma raison, et donc en réalité, cette conscience était peut-être le noyau ultime de mon être, qui faisait exister et se développer tout cela, c'est-à-dire mon être. Il m'était impossible de ne pas penser que, par conséquent, cette conscience impliquait un devoir, et même si je ne fais que supposer l'existence de ce devoir, il faut obéir à son exigence, ou plus précisément on peut lui désobéir, certes, mais seulement avec le sentiment d'avoir désobéi à un ordre, c'est-à-dire avec un sentiment de culpabilité ; cependant, et quant à moi, c'est ce qu'il y a de plus étrange, cet ordre n'est pas exclusivement, comment dire, moral, il recèle une sorte de condition, il demande et même exige pour ainsi dire un peu de savoir-faire artisanal, à savoir que "il faut bâtir", "il faut recopier", "il faut apprendre" le monde et, en temps voulu, nous devons pouvoir montrer, peu importe pourquoi, peu importe à qui, à toute personne qui aura honte à cause de nous et (éventuellement) pour nous, que la *compréhension* du monde est un devoir religieux de l'homme, indépendamment des religions déformantes des églises déformantes, oui, qu'en définitive je ne peux chercher que dans la compréhension du monde et de ma situation, nulle part ailleurs, et que dire encore pour ne pas dire ce que je dois dire : chercher mon salut, oui, du moment que je cherche quelque chose, que chercherais-je d'autre si ce n'est mon salut. En outre, je pensais aussi que tout ceci n'était qu'une pensée qu'on *doit* avoir ; que donc on a de telles pensées uniquement à cause de la situation dans laquelle on est, parce qu'on est obligé d'avoir de telles pensées à cause de cette situation, et comme la situation de l'homme est, du moins dans un certain sens, définie et déterminée *a priori*, on a exclusivement des pensées déterminées, certes, mais au moins on peut ruminer et penser à des choses *a priori* définies et déterminées. Partant de là, pensais-je, je devrais avoir des pensées que je ne *dois* pas avoir, bien qu'aujourd'hui je ne me rappelle plus si j'ai eu de telles pensées, mis à part le fait, bien sûr, que de toute façon je réfléchissais, ce que je n'aurais pas dû faire, et que je suis devenu écrivain et traducteur, ce que je n'aurais pas dû devenir et n'ai pu devenir qu'en dépit des circonstances, en trompant les circonstances, en les roulant, en fuyant sans cesse dans le labyrinthe des circonstances et en me cachant devant le monstre à tête de taureau dont les pieds m'ont parfois écrasé, même si ce n'est qu'en courant, en dépit de ces circonstances monstrueuses, destructrices qui ne souffraient la pensée sous aucune forme, pas même sous une forme captive, et donc ne la supportaient nullement, ces circonstances qui ne vénéraient, ne glorifiaient et ne célébraient que l'esclavage, et je n'ai pu survivre, ou simplement être et exister qu'en secret, je me reniais moi-même à voix haute, et je gardais en moi-même, craintif et silencieux, ma nuit noir de velours et mon espoir désespéré qui, bien des années plus tard, m'a échappé pour la première fois le soir où, remarquant un regard de femme fixé sur moi comme s'il voulait faire jaillir de moi une source, j'ai parlé de "monsieur l'instituteur" : à savoir qu'il *existe* une notion pure que n'altère nulle matière étrangère comme nos corps, nos âmes, nos bêtes féroces, une pensée qui vit sous la même forme dans nos esprits à tous, oui, une pensée que, comme je l'ai déjà dit, je n'avais qu'en secret, que j'espérais cerner, approcher, réussir peut-être à formuler par écrit, une pensée que je pensais ne pas *devoir* penser mais que je pensais pour ainsi dire indépendamment de moi, et je la pensais même quand elle témoignait contre moi, même quand elle m'anéantissait, peut-être est-ce même là que je la pensais vraiment, car c'est ainsi que j'en prenais conscience, c'est peut-être là la mesure de cette pensée... Oui, voilà comment je vivais à cette époque. Et maintenant que je raconte tout ça, je comprends et prends conscience à peu près de tout ce que je dois comprendre et dont je dois prendre conscience. En revanche, à la question de savoir si cet instant était différent d'autres débuts de relation ou de liaison similaires, ou plutôt nullement similaires, je dois répondre : oui, il était radicalement différent. Tout comme moi aussi, au moins dans un certain sens, j'étais radicalement différent de moi-même. En somme, considérant mon meublé, mes pensées, mes penchants, mes motivations, toute ma survie de sous-locataire, je dois admettre qu'à l'époque tout était déjà manifestement prêt en moi, j'étais mûr pour le *changement.* Je ne suis certainement pas dans l'erreur en pensant que c'est à cette époque-là que j'ai commencé à penser que je me faisais de ma vie une idée fausse, donc intenable et insupportable. Pour ne plus considérer ma vie comme une succession de hasards arbitraires consécutifs au hasard arbitraire de ma naissance, car c'est là un point de vue sur la vie non seulement indigne, faux et par conséquent intenable, insupportable, mais encore et surtout *inutilisable* , d'une inutilité insupportable et honteuse, du moins pour moi, or il faut et je veux considérer la vie plutôt comme une succession de prises de conscience satisfaisantes pour ma fierté, au moins ma fierté. En conséquence, l'instant où il s'était décidé que j'allais bientôt coucher avec une femme, c'est-à-dire avec *celle* qui allait devenir ma femme, puis ne plus l'être : cet instant ne pouvait pas non plus être dû au hasard. Car il est parfaitement clair que tout ce que je viens d'écrire et qui, comme je l'ai dit, était déjà prêt en moi, m'avait rendu mûr pour le *changement*, s'était ajouté à cet instant-là, et si moi-même, par la nature même des choses, je ne pouvais pas encore le savoir, oui, même si moi-même je ne me souviens plus que de son visage levé vers moi dans les lumières fuyantes de la nuit, d'une douceur à la fois trouble et scintillante, comme sur les premiers plans des années trente. Qui aurait pu dire vers quoi m'attirerait ce visage baigné d'une lueur prometteuse. Et si j'ajoute, comme cela s'est avéré plus tard, que dans celle qui était ma future (ou ancienne) femme, tout était déjà prêt qui l'avait fait mûrir elle aussi pour le *changement*, alors je peux affirmer que notre rencontre n'était guère due au hasard, elle était au contraire voulue par le destin. Oui, peu de temps s'était écoulé, et nous parlions déjà de vie commune : en réalité cependant, nous voulions le destin, chacun son propre destin qui est toujours unique, qui ne ressemble à aucun autre et ne peut se partager avec personne. De ce fait, quel que fût notre sujet de conversation, ce n'étaient que faux-fuyants, prétextes, biaisements, si toutefois ce n'étaient pas des faux-fuyants, des prétextes et des biaisements *conscients*, et donc des mensonges. Car comment aurais-je pu savoir ce que je sais aujourd'hui mieux que tout, c'est-à-dire que tout ce que je fais et qui m'arrive, que mes états et mes changements périodiques, en un mot : que toute ma vie – mon Dieu ! – me sert uniquement de moyen dans mes prises de conscience successives – comme par exemple mon mariage qui m'a fait prendre conscience de ce que je ne peux pas vivre en couple. Et si cette prise de conscience fut *décisive* dans la succession de mes prises de conscience, elle était *fatale*, bien sûr, s'agissant de mon mariage, même si en adoptant un point de vue détaché, jamais, ou tout au plus par la voie de déductions abstraites, je n'aurais pu en prendre conscience sans ce mariage. Ainsi, toutes les accusations et auto-accusations semblent inéluctables, et ma seule défense est indentique à l'accusation qui s'élève contre moi : à savoir que je me suis marié, aujourd'hui je le vois bien, pour servir et viser mon autoliquidation, mais je me suis marié, du moins je le crois, au contraire, sous le signe du bonheur, de ce bonheur dont ma femme et moi parlions beaucoup et si craintivement, d'un ton à la fois intime et catégorique, comme s'il s'agissait d'un devoir secret et presque sévère qui nous était imposé. Oui, c'était comme ça, et aujourd'hui tous les sons, les événements et les sentiments de notre vie se sont estompés, je les vois comme un seul écheveau ou, aussi bizarre que cela paraisse, je les entends plutôt comme une sorte de tissu musical sous lequel petit à petit mûrit et épaissit, pour ensuite exploser, tout assourdir et devenir maître absolu, le grand, le seul thème qui balaie tout le reste : *mon existence considérée comme la possibilité de ton être*, puis : *ton inexistence considérée comme la liquidation radicale et nécessaire de mon existence*. Ce n'était qu'un prétexte si tout de suite ce soir-là, en parlant de "monsieur l'instituteur", puis en me référant au cas de "monsieur l'instituteur", plus précisément aux enseignements de ce cas, je démontrai et expliquai à ma femme, qui alors ne l'était pas encore et qui aujourd'hui ne l'est plus, si donc je lui expliquai les chances, ou plutôt l'absence de chances, de réaliser ces actes dans de telles conditions, c'est-à-dire dans celles du totalitarisme. Parce que, dis-je, le totalitarisme est une situation insensée, et par conséquent toutes les situations qui en relèvent sont également insensées, bien que, dis-je, par l'essence de notre vie, par sa simple sauvegarde, et c'est peut-être ce qu'il y a là de plus insensé, nous contribuions à entretenir le totalitarisme, pour autant bien sûr, disais-je, que nous tenons à la sauvegarde de notre vie ; et ce n'est, pour ainsi dire, qu'une ruse primitive, spontanée, de l'organisation. Les hypothèses du totalitarisme sont pour ainsi dire naturellement fondées sur le Rien, dis-je. La sélection, l'exclusion et toutes les notions fondées sur ces notions-là sont inexistantes et nulles, dis-je, elles n'ont d'autre existence que leur réalité brute – comme par exemple de pousser des gens dans des chambres à gaz, dis-je. Je crains que tout cela ne fût pas trop distrayant et quand je me demande aujourd'hui si en disant ce que je disais, j'avais un autre but que de dire ce que je disais, je dois dire que non ; je me rappelle que seule s'exprimait mon exaltation, ma logorrhée qui m'avait déjà fait parler en société quelques heures auparavant, et puis cette impression que, si étrange ou singulier que ce fût, cette femme qui marchait à côté de moi en frappant les pavés de ses talons hauts et que, dans la lueur de la nuit, je ne distinguais que de profil mais que je ne faisais aucun effort pour mieux voir, parce que je la voyais encore franchir, à peine une heure auparavant, ce tapis bleu-vert, venir vers moi comme si elle marchait sur la mer, l'impression donc que la femme qui marchait à côté de moi *s'intéressait* à ce que je disais. Dans le totalitarisme, disais-je, le bourreau et la victime sont au service d'une même cause : au service total de la cause du Rien, sauf que naturellement, disais-je, ce service *n'est jamais le même*. Et que l'acte de "monsieur l'instituteur" soit un acte réalisé dans le totalitarisme, forcé par le totalitarisme, et finalement un acte du totalitarisme, c'est-à-dire de l'aberration, l'acte lui-même était néanmoins un acte de victoire totale remportée sur l'aberration totale, car c'est justement là, dans le monde de la destruction, de l'anéantissement total, que s'est *manifestée* l'indestructibilité de l'idée – fixe, si on veut – qui vivait dans "monsieur l'instituteur". Alors elle me demanda si, outre tout ce que j'avais souffert, j'avais souffert et souffrais encore d'être juif. Je lui répondis que je devais y réfléchir. Il est vrai que depuis longtemps, depuis le premier frémissement de mon esprit, je sens qu'une sorte de honte secrète me colle à la peau, rapportée de quelque part, d'un endroit où je n'ai été jamais allé, et je la porte pour un crime qui est le mien bien que je ne l'aie jamais commis mais qui me poursuit tout au long de ma vie, laquelle vie n'est de toute évidence pas la mienne, bien que ce soit moi qui la vive, en souffre et finirai par en mourir : je ne pense pas, disais-je, que cela découle nécessairement de ma judéité, cela peut découler de moi-même, de mon être, de ma personne, de ma transcendance, pour ainsi dire, ou de mon comportement, de mes manières habituelles et réciproques, en un mot, des situations sociales et de mon rapport personnel à ces situations, dis-je, puisque, dis-je, *le verdict ne vient pas d'un coup, l'enquête elle-même se transforme petit à petit en verdict*, comme c'est écrit, dis-je. Nous parlâmes aussi de mes "textes", de ce fameux texte qu'elle avait lu et dont elle devait *absolument* discuter avec moi, disait-elle. Si bien que je suis obligé de parler de ce texte, de dire dans les grandes lignes de quelle sorte de texte il s'agissait.

Ce texte, en fait c'était une assez longue nouvelle, de ce genre qu'on appelle quelquefois "récit" que je venais juste de publier dans la botte de foin d'un recueil de nouvelles et de récits, non sans avoir été au préalable sali et humilié, mais je renonce à décrire tout cela, ça m'ennuie et me dégoûte, à part ça, ce n'est qu'une donnée modeste, négligeable pourrait-on dire, de la vie littéraire hongroise, de cette vie salissante et humiliante, fondée sur les exclusions, les privilèges, les rancunes et les renvois d'ascenseur, sur des listes officielles confidentielles, des lettres commerciales confidentielles, qui met toujours en doute la qualité, se prosterne toujours devant le dilettantisme comme devant le génie, du moment qu'il sait s'imposer, de cette vie littéraire honteuse et humiliante dont je n'ai jamais été et ne suis toujours qu'un spectateur tour à tour effaré, étonné, indifférent mais toujours extérieur, et je dois le rester, oh, qu'ai-je en commun avec cette littérature, avec tes cheveux d'or, Marguerite, puisque la plume est ma pelle, le tombeau de tes cheveux de cendre, Sulamith ; oui, et cette nouvelle ou, disons, ce récit est le monologue d'un homme, d'un homme encore assez jeune. Cet homme, que ses parents ont élevé dans le plus strict esprit chrétien, dans la bigoterie, pourrait-on dire , apprend pendant les jours de l'Apocalypse qu'il est lui aussi marqué du sceau ouvert : selon *l'esprit* des lois qui entrent soudain en application, il est considéré comme juif. Et là, avant d'être emmené dans un ghetto, dans un wagon à bestiaux, mais qui pourrait savoir où il sera emmené et à quelle mort il sera condamné – sûrement pas lui –, il écrit son histoire, "l'histoire de ces années de reniement de soi et de lâcheté", comme il dit, ou plutôt comme je le lui fais dire. Ce qui mérite l'attention dans toute l'histoire, c'est que dans sa toute nouvelle existence de juif, il se libère de son complexe juif, il se libère tout court. Il doit cependant reconnaître qu'être exclu d'une communauté ne revient pas automatiquement à devenir membre d'une autre. Qu'a-t-il de commun avec les juifs ? s'interroge-t-il, c'est-à-dire le fais-je s'interroger. A présent qu'il en est un, il comprend, c'est-à-dire je lui fais comprendre – que rien. Tant qu'il profitait des privilèges des non-juifs, il souffrait à cause de tout ce système des juifs, de l'existence des juifs, plus précisément à cause du système corrompu, étouffant, criminel et poussant au crime, suicidaire, des privilèges et des exclusions. Il souffrait à cause de certains amis, collègues de bureau, à cause d'une communauté qu'il croyait être sa *patrie* ; il souffrait à cause de leur haine, de leurs limites, de leur fanatisme. Il avait particulièrement horreur des inévitables discussions sur l'antisémitisme, de leur pénible inutilité, puisqu'il avait compris, c'est-à-dire je lui avais fait comprendre que l'antisémitisme n'est pas une question de conviction mais de nature et de caractère, "la morale du désespoir, la furie de ceux qui se haïssent, la vitalité des mourants", dit-il, c'est-à-dire lui fais-je dire. D'autre part, il ressentait une certaine gêne vis-à-vis des juifs, dans la mesure où il essayait certes de les aimer, mais il n'était jamais sûr du succès de ses tentatives.

Il connaissait des juifs, il avait même parmi eux des amis, et s'il les aimait ou non, c'était uniquement pour des raisons personnelles. Mais comment peut-on éprouver un amour véritable pour une notion abstraite, comme par exemple celle de judéité ? Ou pour la foule inconnue qui se presse dans cette notion abstraite ? Et quand il y arrivait, il réussissait tout juste à les aimer comme on aime un animal errant qu'il faut nourrir mais dont on ne sait pas à quoi il rêve ni de quoi il est capable. Et là, il s'est libéré de ce tourment, de toute cette responsabilité imaginaire. A présent, il peut enfin mépriser à loisir ceux qu'il méprise, et il ne doit plus aimer ceux qu'il n'aime pas. Il est devenu libre, car il n'a plus de patrie. Il n'a même plus à décider en qualité de quoi il doit mourir. En tant que juif ou chrétien, en tant que héros ou victime, éventuellement en tant qu'absurdité métaphysique, victime du néo-chaos démiurgique ? Comme ces notions ne signifient rien pour lui, il décide de ne pas souiller de mensonge au moins le fait limpide de sa mort. Tout lui semble simple, car il a gagné le droit à la lucidité : "Ne cherchons pas de sens là où il n'y en a pas : le siècle, ce peloton d'exécution qui effectue son service sans interruption, s'apprête donc de nouveau à décimer, et le sort a voulu qu'un mauvais numéro tombe sur moi, c'est tout" ; voilà ses dernières paroles, avec mes mots, bien sûr. Bien sûr, ce n'est pas si austère, mais je me limite à l'essentiel, je passe sur les dialogues, les événements, l'environnement, les autres personnages ainsi que sur la femme qui le quitte. A la fin, nous voyons notre héros assis par terre qui se balance d'avant en arrière, secoué par un rire inextinguible. C'est aussi le titre que j'ai donné au récit : *Le Rire*, mais le directeur de la maison d'édition, dont tout le monde savait qu'à son travail – dans la maison d'édition – il portait constamment sur lui son *arme de service*, bien qu'on ne le vît jamais en uniforme, et il portait son *arme de service* – un pistolet – non pas sur une ceinture de service mais dans la poche arrière de son pantalon, donc ce *directeur* a rejeté ce titre en disant qu'il était "cynique" et qu'il "bafouait le caractère sacré de la mémoire", etc. ; et je n'ai toujours pas compris comment cette nouvelle a pu paraître, même avec un titre enlaidi, et je ne veux pas le comprendre car je répugne à comprendre et à voir l'écheveau inextricable des motivations occultes qui n'épargnent rien et détruisent tout, ne laissant exister que ce qu'elles ont voué à la destruction, ainsi donc, comme le personnage que j'ai créé, je me contente du fait que, dans une situation où on supprime un texte sur dix – ou plutôt un sur trois –, ma nouvelle a, qui sait comment, tiré le bon numéro. Ce qui plaisait à ma femme dans cette histoire, c'était que *l'individu lui-même décide de sa propre judéité*, comme elle disait. Jusqu'alors, à chaque fois qu'elle lisait des textes qui parlaient ou traitaient des juifs, elle avait l'impression qu'on *lui enfonçait de nouveau la figure dans la vase*. Or là, dit ma femme, elle avait senti pour la première fois qu'elle *pouvait relever la tête*. A la lecture de mon texte, dit ma femme, elle avait senti ce que sentait mon "héros" qui, bien qu'il finisse par mourir, atteint d'abord sa *libération intérieure*. Même si ce n'était qu'un court instant, dit ma femme, elle avait aussi vécu cette sensation de libération. Ce texte lui *apprenait à vivre* plus que quoi que ce soit d'autre jusqu'alors, dit ma femme, et, pour la seconde fois ce soir-là, cette vague changeante et frémissante passa sur son visage, sur, je ne trouve pas d'autre mot, la chromatique de son sourire qui me donnait l'impression que j'allais fondre et me transformer en n'importe quoi. Par la suite, j'appris vite que ces affirmations cachaient l'enfance et l'adolescence de ma femme. Cette enfance et cette adolescence, bien que ma femme fût née après Auschwitz, étaient placées sous le signe d'Auschwitz. Plus précisément sous le signe de la judéité. Sous le signe de la vase, pour citer les paroles de ma femme. Ses parents avaient été à Auschwitz, je connaissais même son père, un homme grand, chauve, qui gardait un visage prudemment aigre en présence d'étrangers mais donnait libre cours à son amertume avec ses proches amis ou sa famille, quant à sa mère, elle l'avait perdue très jeune. Elle était morte d'une espèce de maladie qu'elle avait rapportée d'Auschwitz, enflant et maigrissant tour à tour, avec des coliques, ou bien encore des éruptions, la science s'était avérée au fond impuissante face à sa maladie, tout comme la science s'était avérée impuissante face à la cause de cette maladie, à savoir Auschwitz : la maladie de la mère de ma femme, c'était Auschwitz, or on ne peut pas guérir d'Auschwitz, personne ne peut se remettre de la maladie d'Auschwitz.

D'ailleurs, la maladie et la mort précoce de sa mère ont joué un rôle décisif dans le fait que ma femme est devenue médecin, dit ma femme. Plus tard, en parlant de ce genre de choses, elle cita une ou deux phrases dont elle ne savait plus, disait-elle, où elle les avait lues, mais elle ne les avait jamais oubliées. Pas tout de suite, mais assez vite, je devinai que ma femme avait dû lire ces phrases dans l'une des études des *Considérations intempestives*, notamment dans *De l'utilité et de l'inconvénient des études historiques pour la vie*, et cela me conforta dans ma conviction que les phrases dont nous avons besoin finissent tôt ou tard par nous trouver – parce que sans cette conviction, je ne comprendrais pas comment ces phrases avaient pu venir à l'esprit de ma femme qui, à ma connaissance, ne s'était jamais intéressée à la philosophie, et surtout pas à Nietzsche. Je cite la traduction honnête d'Ödön Wildner, et non la mienne, de ces phrases que j'ai retrouvées dans ce vieux volume de Nietzsche à reliure rouge, fort abîmé, que j'avais volé un jour dans le coin sombre d'une bouquinerie : *Il y a un degré d'insomnie, de rumination, de sens historique qui nuit à l'être vivant et finit par l'anéantir, qu'il s'agisse d'un homme ou d'une civilisation.* Ensuite, ou encore avant, du coup je ne sais plus : *Celui qui ne sait pas se reposer sur le seuil du moment, oubliant tout le passé, celui qui ne sait pas se dresser, comme le génie de la victoire, sans crainte et sans vertige* – mais à partir de là, ma femme récita par cœur : *ne saura jamais ce qu'est le bonheur, et, qui pis est, il ne fera jamais rien qui puisse rendre heureux les autres.* Dès sa plus tendre enfance, on avait fait prendre conscience à ma femme de sa judéité, et de tout ce que cela entraînait. Elle eut une période – "l'âge où j'avais des taches de rousseur et une queue de cheval", disait ma femme –, où elle s'imaginait que *les autres enfants devaient beaucoup l'aimer* à cause de cela. Maintenant que j'écris ses mots, je la vois soudain rire en les disant. Plus tard, sa judéité devint pour elle synonyme de sentiment de désespoir. L'abattement, le découragement, la méfiance, la peur latente, la maladie de sa mère. Pour les autres – un grand secret, à la maison – le ghetto des *sentiments juifs* et des *pensées juives.* Après la mort de sa mère, sa tante paternelle vint s'installer chez eux Ma femme dit avoir pensé au premier coup d'œil . "Elle a une tête d'Auschwitz." Ne voir dans chaque individu qu'un futur ou un ex-assassin. "Je ne sais pas comment j'ai pu finalement devenir une femme à peu près normale." Dès qu'il est question de *choses juives*, elle sort de la pièce. "Quelque chose s'est figé en moi et s'est opposé." Elle tient à peine à la maison. Les études sont une échappatoire, tout comme plus tard la médecine et les amours quelques relations brèves et passionnées. Elle disait avoir eu "deux expériences effroyables". Toutes les deux remontent à ses seize, dix-sept ans. Une fois, alors qu'elle parlait avec passion de la Révolution française, elle avait dit que cette révolution ne valait pas beaucoup mieux que les nazis. Et sa tante lui rétorqua qu'en tant que juive, elle ne pouvait pas parler ainsi de la Révolution française, parce que si la Révolution française n'avait pas eu lieu, les juifs vivraient encore dans des ghettos. Après ce rappel à l'ordre de sa tante, se rappelait ma femme, elle ne dit plus un mot à la maison pendant des jours, voire des semaines. Elle sentait qu'elle-même n'existait plus, elle ne pouvait pas prétendre avoir ses propres sentiments, ses propres pensées, car du simple fait de sa naissance, elle ne pouvait avoir que des *sentiments juifs* et des *pensées juives*. Alors, elle avait formulé et prononcé en elle-même pour la première fois : *tous les jours, on lui enfonce le visage dans la vase*. Et puis sa deuxième expérience : elle est assise avec à la main un livre rempli d'horreurs et de photos d'horreurs, un visage à lunettes au regard aveugle derrière des barbelés, un petit garçon avec une étoile jaune, les mains en l'air, sa casquette informe lui glisse sur les yeux, il est encadré par des soldats en armes, elle regarde ces images et une sorte de sensation froide, maligne, se glisse dans son cœur et la remplit d'horreur et elle pense la même chose que le "héros" de ma nouvelle : "Qu'ai-je en commun avec lui ? Je suis juive moi aussi", dit ma femme. Mais tant qu'elle n'avait pas lu dans ma nouvelle cette sorte de pensées, et puis d'autres encore, elle n'y avait pensé qu'avec peur, et après, elles lui procuraient un sentiment de culpabilité. C'est pourquoi elle sentait, dit ma femme, qu'après avoir lu ma nouvelle, elle *avait pu redresser la tête*. Et elle répéta plus d'une fois que *je lui apprenais à vivre* : qu'à mes côtés, dit ma femme, elle se sentait *libre*. Oui, dans ma nuit sombre et éclairante, ces voix, ces images, ces motifs s'élèvent du tissu des quelques années rapides comme l'éclair que fut mon mariage, et soudain je nous vois à la fenêtre, à la fenêtre de notre appartement, c'était de nouveau la nuit, une nuit déjà plus hivernale mais pas encore printanière où, malgré la puanteur effroyable de la ville, percent déjà, comme des messages de l'au-delà, quelques parfums, peut-être ceux de plantes lointaines qui se réveillent et veulent revivre comme par habitude, de l'autre côté de la rue, trois hommes à moitié soûls étaient sortis en titubant du café, on voyait le col de fourrure blanche de l'un d'eux depuis notre fenêtre, ils se cramponnaient les uns aux autres, chantaient à mi-voix, les dernières autos passèrent, il y eut un instant de silence et alors, comme au concert, pendant une pause, leurs voix nous parvinrent clairement, et nous les entendîmes clairement chanter : *Nous sommes revenus d'Auschwitz, nous sommes plus nombreux qu'avant*, leurs voix montaient dans la nuit, d'ailleurs dans un premier temps, je n'avais rien entendu, puis je les entendis, mais qu'ai-je en commun avec ça, pensais-je, ce qu'on appelle l'antisémitisme n'est qu'une question privée qui, en ce qui concerne ma personne, peut me faire mourir, n'importe où, n'importe quand, après Auschwitz, pensai-je, et ce ne serait aussi qu'un anachronisme relatif, une erreur dans laquelle il n'y a pas d'*esprit universel*, comme dirait H., non pas H. le dictateur et chancelier, mais H., le philosophe et maître d'hôtel de tous les dictateurs et chanceliers, ce serait donc un provincialisme, rien d'autre, un *genius loci*, une idiotie locale, et si on veut me battre à mort ou m'abattre, pensai-je, ils me préviendront de toute façon, pensai-je, comme ils ont l'habitude de le faire. Ce n'est qu'à ce moment-là que je regardai ma femme, prudemment, parce qu'elle gardait un silence louche, et dans la lumière froide de la rue, et dans celle, plus chaude, qui filtrait de notre chambre, je voyais bien que des larmes coulaient sur ses joues. Ça ne finira donc jamais, dit ma femme, on ne peut pas échapper, dit-elle, à cette malédiction, et si au moins elle savait ce qui faisait d'elle une juive, alors qu'elle était incapable de croire à la religion, alors que, peut-être par négligence, lâcheté ou par goût, elle ne connaissait tout simplement pas la culture proprement juive des juifs et était incapable de s'y intéresser parce qu'elle ne l'intéressait pas, dit-elle, qu'est-ce donc qui faisait d'elle une juive, alors que ni sa langue, ni son mode de vie ne la différenciaient de ceux qui vivaient autour d'elle, sauf peut-être, dit-elle, un message secret, archaïque, enfoui dans ses gènes mais qu'elle-même n'entendait pas et ne pouvait donc pas connaître ? Et alors, calmement, durement et presque avec préméditation, comme un coup de poignard bien placé ou une soudaine et forte étreinte, je lui dis que tout cela était inutile, qu'elle cherchait en vain des causes erronées, de fausses explications, une seule chose faisait d'elle une juive, une seule et rien d'autre : *Le fait que tu* N'AS PAS *été à Auschwitz* – lui dis-je, sur quoi ma femme se tut, d'abord comme un enfant apeuré, mais ensuite, son visage redevint vite le sien, le visage de la femme que je connaissais et celui de quelqu'un que je venais juste de découvrir dans le visage familier de ma femme, et cette découverte faillit me bouleverser ; et alors, nos nuits redevinrent torrides, alors qu'elles ne l'étaient plus tellement. Parce que, oui, à cette époque commençaient à apparaître les contradictions de mon mariage, ou, pour être plus précis, mon mariage se montrait pour ce qu'il était : une contradiction. En pensant à ces temps-là, je me rappelle surtout certains de mes réflexes qui me maintenaient dans un état de tension perpétuelle et de mouvement intérieur, comme peut-être, du moins c'est ainsi que je me les imagine, les castors, ces petits animaux pareils à des rats que leur instinct pousse à construire, à modifier leurs systèmes compliqués de digues, de refuges et de galeries, voire leurs châteaux. A peu près à cette époque, évidemment à côté de mon gagne-pain, c'est-à-dire les traductions, une montagne de traductions, j'étais travaillé par une idée, un projet de texte plus important, un roman dont le sujet, passons sur les détails, serait le cheminement d'une âme, son ascension de l'ombre vers la lumière, la lutte pour la joie, le devoir de mener cette lutte, *le bonheur considéré comme une obligation*. Alors, je parlais beaucoup, non, ce n'est pas le mot, je parlais pour ainsi dire sans cesse de ce projet avec ma femme qui puisait dans ces conversations, tout comme dans le projet lui-même, la joie la plus totale car elle y voyait, et bien sûr elle n'avait pas tort, une espèce de monument de notre mariage, si bien que je devais constamment lui en parler, brosser les actions d'abord seulement esquissées puis qui se développaient de jour en jour, les motifs et les idées qui se multipliaient, prenaient consistance et se ramifiaient, et au milieu des couleurs qui d'abord passaient, puis brusquement enflammaient son visage avant de pâlir, elle ajoutait de timides remarques, et moi, justement dans l'espoir de revoir cette chromatique de son visage, j'acceptais l'une ou l'autre, je l'encourageais et l'approuvais, nous élevions pour ainsi dire ensemble ce projet, nous le bercions et le cajolions comme si c'était notre enfant. *A posteriori*, tout cela apparaît comme une indubitable erreur, j'avais commis une erreur en laissant entrer ma femme dans le domaine le plus sensible, le plus secret, le plus désarmé de ma vie, de mon existence, c'est-à-dire dans *mon travail*, alors que, bien au contraire, je dois protéger et défendre ce domaine, ainsi que je le fais depuis et le faisais avant cela, l'entourant d'une sorte de barbelé contre tous les intrus, contre la simple possibilité d'intrusion ; tout comme il est indéniable que dans l'attention tendue, à la fois puissante et tendre, de ma femme, qui embrassait et pénétrait ma vie entière, je sentais un danger, il est vrai au demeurant que je ne désirais pas me passer de cet intérêt, comme après les longues journées sombres de l'hiver nous ne désirons pas nous passer d'un chaud rayon soleil qui nous éclaire soudain. Quand malgré tout je m'attelai à la réalisation de mon projet, c'est-à-dire à l'écriture du roman, il s'avéra que mon idée était irréalisable ; il s'avéra que de ma plume, comme d'une sorte de foyer d'infection, une espèce de matière s'infiltrait dans tout le tissu de mon projet, dans chacune de ses cellules, et modifiait ce tissu et chacune de ses cellules, dirais-je, d'une façon pathologique ; il s'avéra qu'écrire sur le bonheur était impossible, du moins moi, j'en étais incapable, ce qui dans ce cas précis revient à dire que c'était impossible, le bonheur est peut-être trop simple pour qu'on puisse écrire à son propos, écrivis-je, comme je le fais en ce moment précis, je lis sur une feuille écrite autrefois et je recopie ici qu'une vie vécue dans le bonheur est une vie vécue dans le silence. Il s'avéra qu'écrire à propos de la vie revenait à méditer sur la vie, que méditer sur la vie revenait à la mettre en doute, or ne met en doute son propre élément nourricier que celui que cet élément étouffe ou qui s'y meut d'une façon dénaturée. Il s'avéra que je n'écrivais pas pour chercher du plaisir, au contraire, il s'avéra qu'en écrivant, je cherchais la souffrance la plus aiguë possible, à la limite de l'insupportable, vraisemblablement parce que la souffrance est la vérité, quant à savoir ce qu'est la vérité, écrivis-je, la réponse est simple : la vérité est ce qui me consume, écrivis-je. Naturellement, je ne pouvais rien dire de tout cela à ma femme. Mais en même temps, je ne voulais pas lui mentir. Ainsi, dans notre vie commune, durant nos conversations, nous butions sur certaines difficultés, surtout quand nous abordions mon travail, et particulièrement ses *résultats* prévisibles, l'écriture en tant que *littérature*, la question – si éloignée de moi, si indifférente et totalement dépourvue d'intérêt – de savoir si elle plaît ou non, la question du *sens* de mon travail, lesquelles questions aboutissaient presque toutes à la problématique honteuse, dérisoire et humiliante du succès et de l'insuccès. Comment aurais-je pu expliquer à ma femme que ma plume était ma pelle ? Que j'écris seulement parce que je dois écrire, et je dois écrire parce qu'on me siffle tous les jours pour que j'enfonce plus profondément ma pelle, pour que je joue la mort sur une note plus sombre, plus douce. Que comment pourrais-je accomplir mon autoliquidation, ma seule tâche sur cette terre, en caressant en moi-même des arrière-pensées illusoires telles que *réussite*, *littérature*, et pourquoi pas *succès* ; et comment ma femme, ou quiconque, peut-elle vouloir que je me *serve* de mon autoliquidation publique pour me faufiler, comme avec un passe-partout, dans un avenir littéraire ou autre d'où je suis déjà exclu par le simple fait de ma naissance et d'où je m'exclus moi-même, et pour accomplir des travaux fondateurs dans cet avenir avec les mêmes coups de pelle que pour creuser ma tombe dans les nuages, les vents, le néant ? La question est de savoir si à l'époque je voyais ma situation aussi clairement que je la décris à présent. Peut-être pas tout à fait, mais j'en avais sans aucun doute la volonté, pour ne pas dire la bonne intention. La nature de mes pensées, les sentiments contre lesquels je luttais apparaît bien sur un débris de papier que j'ai trouvé en fouillant dans les décombres de mon mariage. A l'évidence, je voulais poser ce billet à côté de la tasse de ma femme, comme je le faisais à chaque fois qu'à cause de mon *travail* qui se prolongeait tard dans la nuit, je ne me levais pas pour le petit déjeuner. Voici ce qui y est écrit : "… pour que nous puissions nous aimer en restant néanmoins *libres*, quoique je sache pertinemment que nous ne pouvons pas échapper au destin des hommes et des femmes, si bien que nous prendrons part à cette souffrance qu'une nature mystérieuse et assurément pas très sage nous a infligée : que donc je vais à nouveau tendre la main vers toi et te désirerai, et ne désirerai que posséder ton corps ; et en même temps, c'est-à-dire quand toi tu tendras la main et seras enfin mienne, je mettrai un frein à ta ferveur pour garder ce que j'imagine être ma *liberté…*" Voilà ce fragment, et comme je l'ai trouvé parmi mes écrits, perdu au milieu de mes bouts de papier, il est sûr que je ne l'avais pas posé contre la tasse de ma femme, mais que j'avais dû le mélanger à mes papiers ; il n'en reste pas moins que j'avais de telles pensées en secret, et je vivais selon mes pensées, ou plutôt je les vivais, tout comme *j'ai toujours eu une vie secrète qui était toujours ma vraie vie.* Oui, vers cette époque je commençai à construire mes galeries, mes fortifications de castor, à me cacher et me défendre contre les yeux et les mains de ma femme, et donc je ne doute pas qu'à cause de mes digues de protection j'aie cru remarquer une irritation latente dans le comportement de ma femme, et cette remarque se transforma en moi d'abord en contre-irritation puis en une douleur constante, que l'humeur passagère de ma femme me faisait, ou voulait me faire voir comme une irritation beaucoup plus grave qu'elle ne l'était en réalité, puisque me réconcilier avec ma femme ne m'aurait pas coûté un gros effort, il aurait suffi pour ainsi dire d'un seul mot précis et bien choisi, ou même d'un seul geste, mais moi, je tenais manifestement à ma douleur, parce que je reconnaissais en elle mon exclusion, or cette sensation insupportable d'exclusion me poussait à chercher des compensations et ensuite, la compensation solitaire reprit en moi la forme d'une force créatrice, elle raviva ma névrose, c'est-à-dire mon envie de travailler qui effaçait tout le reste mais qui m'obligeait à développer de nouveaux réflexes de défense encore plus puissants, mon ardeur et ma fureur de travailler, en un mot, s'était mis en branle tout ce mécanisme diabolique, ce manège meurtrier qui d'abord me trempe dans la douleur pour ensuite me soulever très haut mais seulement pour m'y replonger aussitôt, encore plus profondément… et il est sûr, absolument sûr que tout cela a joué un rôle dans le fait que pendant l'une de nos nuits redevenues torrides – durant l'une de ces nuits à l'éclat sombre dont la lueur sombre de velours était si différente des lumières sombres, noires et se fondant dans l'obscurité de ma nuit actuelle –, et donc pendant l'une de ces nuits sombrement embrasées, ma femme dit qu'à toutes nos questions et nos réponses, à toutes ces questions et réponses qui touchaient toute notre vie, nous ne pouvons répondre qu'avec toute notre vie, plus précisément avec notre vie entière, parce que dorénavant toute question et toute réponse seraient une question insuffisante et une réponse insuffisante, et qu'elle ne peut se figurer la plénitude que d'une seule façon, car, du moins pour elle, aucune autre plénitude ne peut remplacer la seule, la *véritable* plénitude, que donc elle voulait un enfant de moi, dit ma femme. Oui, et

"Non !" – dis-je immédiatement, tout de suite, sans hésiter, pour ainsi dire instinctivement, car il est désormais naturel que nos instincts agissent contre nos instincts, que pour ainsi dire nos contre-instincts agissent à la place de nos instincts, et même les supplantent ; et comme si ce

"Non !" n'était pas un

"Non !" assez ferme, ou comme si elle était sûre de mon inconséquence, ma femme se contenta d'en rire. Elle me comprenait, dit-elle plus tard, elle savait de quelle profondeur jaillissait mon

"Non !" et ce que je devais vaincre en moi-même pour qu'il se transformât en *oui*. Sur quoi je répondis que moi aussi je croyais la comprendre, que je savais ce qu'elle pensait, mais que

"Non !", c'était

"Non !" et pas cette espèce de *non de juif* pour lequel elle le prenait sans doute, non, j'en étais absolument certain, aussi certain qu'elle était incertaine quant à la nature de mon

"Non !", sauf que j'avais dit

"Non !", bien que, en ce qui concerne le *non de juif*, il y eût aussi des arguments pour le défendre, dis-je, car il suffit de s'imaginer une conversation désespérante et honteuse, dis-je, supposons, dis-je, les cris de l'enfant, de notre enfant et les tiens, supposons, dis-je, que l'enfant a entendu quelque chose et qu'il hurle, supposons, dis-je, "Je ne veux pas être juif !", puisqu'il est très vraisemblable et très justifié, dis-je, que, supposons, l'enfant ne veuille pas être juif, et que la réponse m'embarrasserait, oui, car comment peut-on obliger un être vivant à être juif, à cet égard, dis-je, je me présenterais la tête baissée devant lui – devant toi –, car je ne pourrais rien lui – te – donner, ni explication, ni foi, ni arme à feu, puisque ma judéité ne signifie rien pour moi : rien en tant que judéité, mais tout en tant qu'expérience ; elle signifie en tant que judéité : une femme chauve devant son miroir, en robe de chambre rouge, et en tant qu'expérience : ma vie, c'est-à-dire ma survie, la forme d'existence spirituelle que je vis et que je cultive en tant que telle, et cela me suffit, je m'en contente largement, la question est de savoir si lui – et toi – vous en contenteriez. Et pourtant, dis-je, malgré tout, je ne dis pas un *non de juif*, car il n'y a rien de plus ignoble, de plus humiliant, de plus destructeur et abnégatoire qu'un *non*, disons, rationnel, qu'un *non de juif*, il n'y a rien de plus facile de plus lâche, dis-je, j'en ai assez que des assassins et des négateurs de la vie proclament qu'ils sont *la* vie, cela arrive trop souvent, dis-je, pour susciter en moi une révolte obstinée, il n'y a rien de plus monstrueux, de plus humiliant que de nier la vie pour faire plaisir aux négateurs de la vie, puisque même à Auschwitz naissaient des enfants, dis-je, et ce raisonnement plut beaucoup à ma femme, cela va de soi, bien que je ne croie pas qu'elle l'ait compris, puisque vraisemblablement je ne me comprenais pas moi-même. Oui, et peu après il m'arriva d'avoir à prendre le tramway, j'allais quelque part, qui sait où, les yeux perdus dans l'ivresse vague du glissement, des arrêts brusques aux stations, j'avais sûrement quelque chose à faire, comme si j'avais encore à faire, vu que mes affaires terrestres étaient déjà terminées. Le tramway fonçait en cahotant au milieu d'immeubles effrayants et des cris aigus des arbustes rabougris qui surgissaient çà et là, et soudain, comme un attentat, monta une famille. J'ai oublié de mentionner qu'il commençait à faire bon, c'était dimanche, l'agonie discrète d'un dimanche après-midi. Ils étaient cinq, les parents et trois petites filles, la plus jeune sortait tout juste de ses langes, toute pimpante de rose, de bleu, de blond, elle bavait et s'entêtait à hurler, elle doit avoir chaud, pensai-je. Sa mère, brune, douce, exténuée, la prit sur ses genoux, son cou gracile se pencha sur l'enfant, suivant la ligne brisée d'un mouvement de ballerine. La cadette se tenait avec une mine renfrognée près de la mère qui berçait la benjamine, l'aînée, une fillette de sept ou huit ans, pensai-je, entoura du bras les épaules de sa petite sœur d'un geste de consolation, avec la pitoyable solidarité des exclus, mais celle-ci la chassa avec humeur. Elle voulait posséder sa mère, mais elle savait que c'était sans espoir, puisque le moyen d'y parvenir, à savoir crier à tue-tête, était à présent le privilège de la plus petite. Restée seule, l'aînée revivait dans la belle clarté de ce dimanche après-midi, elle revivait l'amertume de l'exclusion, de la solitude et de la jalousie. Ce sentiment va-t-il se développer en un pardon accueillant, pensai-je, ou en une névrose repliée sur soi, pensai-je, pendant que son père et sa mère la contraindront à accepter une existence honteuse, pensai-je, à laquelle elle se résignera, pensai-je, et qu'elle remplira de sa honte, et si ce n'est pas le cas, ce sera encore plus honteux pour elle, et pour tous ceux qui l'ont contrainte et qui s'y sont résignés, pensai-je. Le père, un homme brun, noueux, avec des lunettes, un pantalon de toile, des sandales à ses pieds nus, la pomme d'Adam grosse comme une tumeur, tendit sa main jaune et ossue, et la petite se calma enfin entre ses genoux pointus ; et sur ces cinq visages, apparut soudain, comme un message transcendant, plus qu'une simple ressemblance. Ils étaient laids, épuisés, misérables et bienheureux, des sentiments mitigés luttaient en moi, répugnance, attirance, souvenirs terribles et mélancoliques, et je voyais pour ainsi dire écrit sur leurs fronts, et sur les parois du tramway, en lettres de feu :

"Non !" – je ne pourrais jamais être le père, le destin, le dieu d'un autre être,

"Non !" – jamais ne peut arriver à un autre enfant ce qui m'est arrivé dans mon enfance,

"Non !" – criait, hurlait en moi quelque chose, il est impossible que cela, c'est-à-dire l'enfance, lui arrive – t'arrive – m'arrive, oui, et alors je me mis à raconter mon enfance à ma femme, ou peut-être à moi-même, je ne sais plus, mais je la lui racontai, avec toute l'abondance et les contraintes de ma logorrhée, je parlai sans retenue, pendant des jours, des semaines, et d'ailleurs maintenant aussi je la raconte, bien qu'il y ait longtemps que je ne la raconte plus à ma femme. Oui, je m'étais alors mis non seulement à raconter, mais aussi à errer, la ville dans laquelle je savais déjà me mouvoir avec l'aisance relative d'une habitude relative, commença alors à se transformer à nouveau en piège pour moi et à se dérober sous mes pieds, si bien que je ne pouvais pas savoir sur quelle scène indicible, imprégnée de souffrances et d'humiliations je me trouvais soudain, à quel appel j'obéissais quand, par exemple, je me faufilais parmi de petits palais délabrés, spectraux, dans une ruelle assoupie comme un malade distingué, ou que je me glissais entre des maisons fabuleuses avec tourelles, girouettes, dentelures, aiguilles, fenêtres borgnes, le long de grilles de jardins minables où maintenant tout est tellement pillé, nu, dévoilé, piteux et raisonnable, comme des fouilles abandonnées. Ou comment, une autre fois, je m'étais retrouvé dans ce, comment dire, duodénum de la ville où je suis revenu aujourd'hui en tant qu'habitant, par la volonté du destin, si l'on veut, ou par maladresse, si l'on préfère, disons plutôt par la volonté du destin, puisque c'est de toute façon sans importance, et pour autant que nous puissions reconnaître notre destin dans nos maladresses, si nous avons l'œil, oui, alors je croyais peut-être, ou plutôt je me berçais de l'illusion que j'étais arrivé ici par hasard, au même endroit, au fin fond de ce quartier qui s'appelle Józsefváros là où il touche le fin fond d'un quartier qui s'appelle Ferencváros[1], c'est-à-dire à peu près là où j'habite,

1. Quartier ouvrier de Budapest.

bien que mon logement préfabriqué dans cet immeuble en préfabriqué ne fût encore qu'un projet minable sur un plan minable. C'était un soir d'été finissant, je m'en souviens, la rue était baignée d'odeurs trop mûres, les maisons aux petits yeux plissés, ivres et mal lavées vacillaient le long des trottoirs, le soleil couchant dégoulinait sur les murs comme un vin bourru jaune, collant, les portes béaient dans la pénombre comme des plaies de teigne et moi, pris de vertige, je m'agrippais à une poignée, ou qui sait à quoi, quand soudain je fus touché par le mystère de – oh, pas celui de la mort, mais celui de la *survie* ; oui, voilà ce que doit ressentir un assassin, pensai-je, puis racontai-je à ma femme, et j'avais pensé justement à cela parce que, et je le pense bien que ce ne soit pas logique mais néanmoins compréhensible, je devais y penser à cause des morts, dis-je à ma femme, à cause de mes morts, de mon enfance morte et de ma survie inimaginable au regard de mon enfance morte, oui, voilà ce que doit ressentir un assassin qui, disons, pensai-je, puis racontai-je à ma femme, longtemps après avoir oublié son crime, chose imaginable et pas si rare, après donc des dizaines d'années, disons par oubli, ou seulement par la répétition machinale d'anciennes habitudes, retombe soudain sur le lieu de son crime et le trouve inchangé, avec le cadavre, certes déjà réduit à l'état de squelette, les piteuses coulisses du décor, et puis lui-même, et tant pis s'il est évident que plus rien ni personne n'est identique à soi, par ailleurs il est tout aussi évident qu'après le court intermède d'une vie humaine, tout reste identique, et ce, *de plus en plus*. Et dorénavant il sait ce qu'il doit savoir : que ce n'est pas du tout le hasard qui l'a conduit là, il n'est peut-être même jamais parti, parce que *c'est l'endroit où il doit faire pénitence*. Et ne demande pas, dis-je à ma femme, pourquoi il doit le faire, parce que la faute et la pénitence sont des notions entre lesquelles seule l'existence crée un lien vivant, si toutefois elle crée, bien sûr, et si c'est le cas, alors l'existence en soi constitue une faute amplement suffisante, *el delito mayor del hombre es haber nacido*, comme il est écrit, dis-je à ma femme. Je racontai aussi à ma femme un rêve, un vieux rêve récurrent que je n'avais pas fait depuis longtemps mais qui m'était revenu de façon inattendue ces jours-là. Il se déroule *là-bas*, oui, toujours *là-bas*, sur cette scène, dans ce bâtiment d'angle, je le sais pertinemment, bien que je ne voie pas les environs. Peut-être les murs permettent-ils de le déduire, ces épais murs gris fantôme de vieille maison. Et puis le bureau de tabac auquel mènent quelques marches inégales et raides. Puis là-haut, c'est comme si on entrait dans un trou à rat : pénombre vermoulue et odeur de cadavre. Mais le bureau de tabac a été déplacé au coin du bâtiment. Je n'ai aucune raison d'entrer. J'entre. Ce n'est pas un bureau de tabac, c'est un peu plus grand, un peu plus clair, beaucoup plus sec et chaud, comme des combles. En face de la source incertaine de rais de lumière – peut-être une lucarne – où danse une poussière épaisse, il y a des gens assis sur un très vieux *divan* posé sur le sol en ciment. Tout montre qu'ils viennent juste de s'asseoir après être restés couchés pendant des dizaines d'années à attendre mon éventuelle visite, la visite du petit-fils nonchalant *tueur d'espoir.* Deux vieillards dans la lumière poussiéreuse, pleins de reproches. Ils sont si faibles qu'ils peuvent à peine bouger. Je leur tends le jambon que j'ai apporté. Ils se réjouissent, mais sans adoucir leur rancœur. Ils parlent, mais je ne les comprends pas. Mon grand-père penche son visage gris et mal rasé sur le jambon qu'il tient à deux mains et qu'il a déjà déballé. Sur le visage de ma grand-mère, les taches cadavériques sont bien visibles. Elle se plaint de ses éternels maux de tête et de ses bourdonnements d'oreille. Et de l'attente, car il y a très très longtemps qu'ils attendent. Je constate que le jambon que je leur ai apporté ne leur suffit vraiment pas. Ils sont terriblement affamés et abandonnés. Je fais quelques gestes d'impuissance, comme un écolier qui essaie de s'expliquer. Mon cœur est lourd comme les pierres de l'escalier. Ensuite, tout sombre, s'envole, se désagrège comme un secret honteux. Pourquoi devons-nous toujours vivre le visage tourné vers une honte quelconque ? notai-je alors. C'est à peu près à cette époque que j'ai commencé ma collection de citations, que j'enrichis sans cesse et qui traîne sur ma table parmi mes papiers, sur des billets reliés avec un trombone. *Mes amis, la jeunesse fut pour nous une école difficile : nous avons souffert de la jeunesse elle-même comme d'une grave maladie*, lis-je sur l'un des billets. *Familles, je vous hais !* lis-je sur un autre. *Nous livrer à l'enfance comme à une cause de mort*, lis-je. *Dès l'enfance j'étais souvent étonné*, lis-je, *que la notion de pouvoir signifiât toujours terreur*, et je lis, accrochée à cette remarque (celle de Thomas Bernhard), la mienne propre : "et la terreur signifie toujours pouvoir du père". Et ensuite, je ne lis plus que mes remarques sur ces bouts de papier, par exemple : "Le devoir d'éducation que je ne saurais concilier avec...", "Influencer comme un feu follet les rêves de quelqu'un, jouer dans sa vie un rôle, le rôle du père, et donc un rôle *fatal*, est l'une des véritables horreurs, dont l'aspect terrifiant...", "Que (dans mon enfance, et donc depuis ce temps) tout était toujours un péché qui me signifiait moi-même, et toujours vertu quand j'agissais de sorte à me nier et me tuer...", "Ma grand-mère avait toujours *mauvaise haleine*. Effectivement : elle sentait la naphtaline. L'odeur du logement de Józsefváros. L'odeur anachronique de la monarchie. L'obscurité du logement, comme celle de l'époque, l'obscurité dont les années trente avaient hérité et qui s'était transformée en maladie au cours de la transmission. Les meubles sombres, la maison à couloir découvert, les vies qui se déroulent les unes devant les autres, le café au lait du dîner, le pain azyme *émietté* dans le bol, l'interdiction d'allumer la lumière, mon grand-père lisant son journal dans la pénombre, *l'alcôve* dans les recoins mystérieux de laquelle semblait constamment se terrer quelque dessein noir, moisi et meurtrier. Chaque nuit, la chasse aux punaises...", "Petit à petit, je t'enfermerais dans ces histoires avec lesquelles tu n'as rien à voir, avec le temps, elles se dresseraient autour de toi comme un mur infranchissable...", "Et quelle misère que l'enfance, et comme j'étais impatient de grandir, parce que je croyais à l'union secrète des adultes, je pensais que dans leur monde bouclé par le sadisme, eux-mêmes vivent en parfaite sécurité...", etc. Les matins, racontai-je à ma femme. Les matins de pluie, les lundis matin pluvieux, lorsque mon père me ramenait à l'internat pour la semaine. Chaque lundi matin vit dans ma mémoire comme un lundi matin de pluie, ce qui est bien sûr absurde mais significatif, dis-je à ma femme. Un de ces lundis matin de pluie, je m'en souviens, je me levai d'un bond, laissant là mes cliques et mes claques, laissant là *mon travail*, et j'allai dans ce quartier résidentiel, plus précisément dans ce quartier qui fut jadis résidentiel, c'est-à-dire dont je me souviens qu'il fut résidentiel, avec des villas fabuleuses hérissées de tourelles, de girouettes, de dentelures, d'aiguilles, et l'une de ces maisons fabuleuses avec tourelle, aiguille, girouette, c'était l'internat. Je refermai mon parapluie, ce symbole par excellence du grotesque de notre existence terrestre, puis c'est un type légèrement grisonnant à l'air assez sérieux qui entra dans la maison périssante de mes souffrances troubles et de mes joies encore plus troubles, en chapeau à carreaux, avec un parapluie dégouttant, racontai-je le soir même à ma femme. Etait-ce une victoire ? Une défaite ? Comment *moi* aurais-je reçu ce type, dis-je le soir à ma femme en faisant de l'esprit, l'aurais-je seulement remarqué, et si oui, je l'aurais peut-être pris pour une espèce d'inspecteur, pour le complice de la direction, des autorités supérieures, racontai-je le soir à ma femme. Peut-être pour un professeur de violon enquiquinant. J'aurais sans doute remarqué tout de suite quelque chose de saugrenu, de manifestement ridicule, par exemple sa façon de parler aux enfants, mesurée, châtiée, comme un sadique, racontai-je à ma femme. Rien, rien, rien en lui ne correspond à l'idée que je me faisais de moi adulte, c'était un personnage étrange, raté, j'envierais tout au plus sa souveraineté, sans me douter que ce n'est qu'une souveraineté d'adulte, c'est-à-dire une non-souveraineté se donnant des airs de souveraineté, dis-je à ma femme. J'ai aussi noté dans mon carnet quelques lignes à propos de cette visite, et j'en transcris quelques-unes dans ce carnet-ci. "Je suis allé à l'internat", écrivais-je. "Il est en ruine, comme tout, les maisons, les vies, le monde", écrivais-je. "Il y a une plaque sur le mur, ce qui m'a franchement surpris. Elle dit : *En ce lieu vécut et œuvra*, etc. Le directeur. Le dirlo. Bouchon (c'était le surnom que nous, les enfants, lui avions donné). Qui aurait cru que c'était un savant ? Oui, à notre époque, l'amateurisme généralisé a pour nom science… Le jardin est à l'abandon, dévasté. L'internat a été transformé en immeuble d'habitation. Le somptueux escalier avec ses larges rampes sur lesquelles on pouvait si bien glisser, où tant d'événements mystérieux se produisirent, surtout le soir, quand, avec les camarades, on montait se coucher en se bousculant et que le sommeil qui tombait sur nos yeux comme de gros flocons de neige, freinait, étouffait, amortissait tout bruit, événement, curiosité (un soir j'eus un brusque accès de fièvre et Szilvási, un fils de paysan de dix ans mon aîné me porta en haut dans ses bras et me demanda *où m'aliter* et je ne savais pas que lui répondre, parce qu'avec mes cinq ans, je n'avais jamais entendu le mot *aliter* si bien que je ne comprenais pas sa signification) : cet escalier, eh bien, contentons-nous de dire qu'il est crasseux… Les dortoirs sont divisés en logements entassés les uns sur les autres. L'appartement du directeur. L'appartement du dirlo. L'appartement terrible et silencieux qui nous réduisait au silence, nous incitait, nous obligeait à marcher sur la pointe des pieds. A la place du bouton brillant en laiton, une poignée grise en aluminium, comme un triomphant coup de pied au cul… Les salles d'étude de l'entresol. Ces blancs-becs de *juniors* et les *seniors* enviés s'y penchaient au-dessus de leurs livres, pendant l'étude de l'après-midi. L'éternel professeur de service veillant au recueillement. Le respect inspiré par le problème difficile et ésotérique d'un exemple d'algèbre. A présent, ces salles servent de domicile à plusieurs familles. Des vies de famille affairées, bruyantes, pleines d'odeurs appétissantes… la destruction, la décomposition de toute forme stricte. La vulgarité comme force de désagrégation, finalement comme mort… Le *sous-sol.* La salle à manger, le *cachot*, la salle de jeu (ping-pong). Et surtout le lieu des *rapports*. On ne peut pas entrer. Il y a une plaque qui dit : *Ciné-club*, *billets*, etc. Bon, alors je m'imagine la salle à manger. C'est mieux ainsi : je ne serai pas dérangé par ce qu'on appelle la *réalité*. (Leur réalité à eux.) Dans le sous-sol gigantesque éclairé par des fenêtres hautes, de longues rangées parallèles de tables recouvertes d'une nappe blanche. Le petit déjeuner ! L'unique rite précieux de la journée (excepté le rapport du samedi), sévère mais rêveur. A ma place m'attendent le couvert du matin, ma serviette marquée d'un "un" en chiffre romain dans mon rond de serviette marqué du même chiffre : c'était mon numéro ici, de même que dans d'autres endroits j'ai eu d'autres numéros (aujourd'hui, un nombre à onze chiffres se promène quelque part dans mon nom, dans les fugues de labyrinthes inconnus, comme une vie de l'ombre, un autre moi mystérieux dont je ne sais rien bien que je réponde de lui par ma vie, et ce qu'on lui fait devient mon destin). Mais ce "un" en chiffre romain était vraiment un début stylé, charmant et vague, comme l'aube des cultures. Car j'étais le plus jeune pensionnaire de l'internat..., etc. Nous nous tenions chacun à sa place, propres, brillants, éveillés, affamés. (J'avais toujours faim, toujours faim.) En tête de table, un professeur, à chaque table, un professeur. Il bredouilla une prière. Une prière brève, prudente, on pourrait dire diplomatique. Il devait veiller à ce qu'elle ne fût ni juive ni d'aucun canon chrétien particulier, ou plutôt qu'elle fût à la fois juive et chrétienne, et plût pareillement à tous les dieux. *Donnez-nous, Seigneur, notre pain quotidien* – disons, ce n'est pas sûr, mais quelque chose dans le genre. (Le soir en revanche, je priais en allemand : *Müde bin ich geh zu Ruh'*..., etc.)

Je n'en comprenais pas un mot, mais je l'appris vite et en même temps, la monotonie apaisante de la prière, la contrainte de la répétition, cette hygiène particulière dont la négligence aurait fait dans mon âme des blessures plus graves que si je ne m'étais pas brossé les dents… Me remémorer la religiosité forte, obligatoire et personnelle de mon enfance, qui fut au début essentiellement animiste, doublée plus tard d'un invisible rayon X dans le regard qui voyait tout, mais cela, si mes souvenirs sont bons, seulement après mes dix ans, quand mon père eut pris en charge mon *éducation*… Poursuivons. Le *cachot*. Un débarras sombre, plein de petites bêtes. J'y fus enfermé une fois. Je l'acceptai rationnellement. Par amour de la solitude. Par amour de la maladie. Délires de la fièvre. Décadence précoce. Ou simplement dégoût bien fondé des hommes ? La pauvre volupté d'être allongé tout seul dans le grand dortoir, de regarder le soleil atteindre la cime du marronnier du jardin, pendant que de son pas incomparable, entortillant le bout de sa queue, un chat se promène sur le toit d'en face indiciblement aventureux, plein de cheminées, de tourelles, de cachettes. La crampe soudaine quand arrive ce qui nous a serré l'estomac tout l'après-midi : des pas dans l'escalier, puis des pas grondant dans le couloir. Les autres. *Ils arrivent*, murmurais-je en moi-même comme l'annonce d'une catastrophe, livide. Oui, les crampes d'estomac. Elles allaient de pair avec le *lait spécial*, à cause de mon *anémie*… (Splendeur des anciennes bouteilles de lait, aussi fragile et éphémère que les perles de buée sur ces bouteilles fines couvertes d'un réseau dense d'arêtes allongées et de surfaces planes, au toucher doucement rêche.) Il fallait le boire. Après, j'avais mal à l'estomac. Je me pliais en deux, comme après un KO... Finalement, au *cachot*, je m'apitoyai sur moi-même. Ça tombait bien puisque, je le savais, je devrais avoir une mine malheureuse quand la clé aurait tourné dans la serrure et qu'on me laisserait sortir, afin qu'ils tirent du plaisir de la souffrance qu'ils avaient eu l'intention de m'infliger. (Connaissais-je ces petites ruses instinctivement, par une sournoiserie innée, ou les avais-je acquises très tôt, en d'autres termes, *étaient-ce là les fruits d'une éducation efficace* ?...) A l'époque, j'avais compris depuis longtemps que le monde était un endroit épouvantable pour un petit enfant (sauf que je ne savais pas encore que cela ne changerait pas par la suite, si toutefois je ne changeais pas moi-même)... Et puis le mal de tête. Ne surtout pas l'oublier. Le mot juste c'est migraine. C'était ça. Je ne pouvais pas remuer la tête, la lumière qui passait par mes yeux m'infligeait une douleur cuisante. Je n'ai jamais osé en parler à personne. Je ne croyais pas qu'on me croirait, qu'on pourrait me croire, que ce fût croyable. Je croyais que ce n'était que ma faute secrète, qu'il fallait donc la garder au secret, comme les autres, comme tout. Je finis par ne plus croire à mon mal de tête. Là encore, l'efficacité de l'éducation... Il faut réfléchir à quel point tout cela était vivable, entre ma cinquième et ma dixième année. Mais la réflexion est presque impossible : comment s'y prendre ? A l'évidence, comme les autres, comme tout le monde, ma rationalité se développait à l'aide de coups de massue irrationnels. A l'aide de la folie, de la folie qui sépare (ou au contraire, rapproche) celle des serviteurs de celle des maîtres. Le premier facteur irrationnel, le divorce de mon père et de ma mère, était intéressant surtout du point de vue de l'internat. Quand je leur demandais la *cause* de leur divorce, ils me répondaient toujours, tant mon père que ma mère : *Parce qu'on ne se comprenait plus* Comment ? Mais ils parlent tous les deux le hongrois, pensais-je. Je ne pouvais pas concevoir comment ils pouvaient ne *plus* se comprendre une fois qu'ils s'étaient *compris*. Mais c'était le dernier mot, l'ultime argument, la frontière qui butait sur le néant : je soupçonnais donc l'existence d'un secret lourd, complexe et sale au possible. Cela ressemblait à la fatalité : je devais l'accepter et ce, d'autant plus (car alors cela rappelait encore plus la fatalité) que je le comprenais moins. L'autre facteur irrationnel était ce fameux voyage régulier en tramway avec mon père. Où allions-nous, chez qui, pourquoi – je ne m'en souviens plus. Toute l'histoire était beaucoup plus insignifiante que le divorce. Et pourtant. Nous descendions toujours au même arrêt, et après il fallait encore faire un bon bout de chemin à pied, vers l'avant. Je remarquai que de l'arrêt suivant, nous n'aurions que quelques pas à faire en arrière. Réponse : *Je ne retourne pas en arrière.* Question : *Pourquoi ?* Réponse : *Parce que je ne retourne pas en arrière.* Nouvelle question : *Mais pourquoi ?*

Nouvelle réponse : *Je te l'ai déjà dit : parce que je ne retourne pas en arrière*. Je ressentais la signification de cet entêtement dans toute sa profondeur mais je ne pouvais pas la déchiffrer. Ma raison était totalement perplexe, effondrée, comme en présence d'un secret révélé. Finalement, je peux et *je dois* conclure qu'il y a une sorte de loi incompréhensible mais irrévocable que représentent mon père et le pouvoir qu'il a sur moi. "La névrose et la violence comme unique système de communication, l'adaptation comme unique possibilité de survie, l'obéissance comme pratique, la démence comme aboutissement", écrivais-je. *La culture ancienne tombe en ruine, puis en cendres, mais au-dessus des cendres planeront des spectres*, c'est aussi sur un de mes billets (Wittgenstein), "… et comme j'étais là sous mon parapluie, touché par le secret étouffant de cette institution, de ce riche internat privé, de cet ancien *internat de garçons agréé par l'Etat*, entouré par ce secret qui flotte toujours dans l'air humide de l'automne, comme ce mutisme malicieux qui plane autour des caveaux antiques, j'ai été soudain, comment dire, quasiment transi, comme par une humidité pénétrante, par cette *culture ancienne*, cette culture paternelle, ce complexe universel du père", écrivais-je. Quand dans mes lectures ultérieures je tombais sur des descriptions de collèges, de séminaires, d'écoles militaires, je croyais parfois reconnaître "mon internat", bien que ce dernier fût plus convivial, plus absurde et, dans l'ensemble, encore plus pervers, mais ce n'est qu'après de longues années, dans le miroir de l'ignominie consommée, que je l'ai vraiment compris, dis-je à ma femme. En réalité, il était fondé sur des principes simples, sur le principe du père respectable et autoritaire, dis-je à ma femme. Il reproduisait tout simplement les principes du monde extérieur et les considérait, par habitude ou par une erreur comique, ou par une habitude devenue erreur comique, comme les titres constitutifs du pouvoir, dis-je à ma femme. Sur les murs des salles d'étude, il y avait les éternels pères usurpateurs de la Hongrie : à cette époque, parmi les majestés royales et impériales, les secrétaires, premiers ou généraux, les regards étaient attirés par le portrait d'un homme vénéré au titre d'Altesse Sérénissime le Régent, coiffé d'un képi d'amiral, avec un mystérieux uniforme à épaulettes, dis-je à ma femme. Ainsi, par la suite, dis-je à ma femme, j'ai soupçonné que des principes anglo-saxons de direction et d'*éducation* avaient dû influencer la direction de l'internat, avec toutefois une sorte de particularité austro-germanique, non, austro-hongroise, non, germano-austro-hungaro-minorité juive assimilée, selon le génie du lieu ; et puis, dis-je à ma femme, avec en tout cas cette différence qu'au lieu de former l'élite d'un empire planétaire, on y formait des bourgeois de Budapest, petits, moyens ou encore plus petits. Les principes spartiates s'appliquaient presque uniquement à la nourriture insuffisante que la direction, savante et influencée par les idéaux anglo-saxons, *volait* aux enfants, là encore, évidemment, à cause du génie du lieu, dis-je à ma femme. Je lui parlai aussi de la plaque commémorative. Et de la surprise qu'elle m'avait causée. Il est hors de doute, dis-je à ma femme, que si je le voulais, je pourrais en savoir plus à ce propos, c'est-à-dire à propos de la plaque, des raisons de sa présence, etc., mais en ce qui me concerne, je ne souhaite rien savoir. C'est un fait : l'homme qui était à la fois directeur et propriétaire de notre internat jouissait d'une immense autorité qui cependant ne recelait pas la moindre trace du respect dû aux choses supérieures : ainsi qu'il convient à l'autorité, la sienne reposait sur une peur bien organisée, alors que lui-même était un personnage plutôt ridicule (là, je rappelai le surnom dont les enfants l'avaient affublé : Bouchon), un tout petit bonhomme avec une moustache longue, fournie, jaunâtre, pendante, avec une tignasse blanche hirsute, son ventre s'arrondissait comme une immense pastèque sous son gilet gris, on eût dit une partie indépendante de son corps. Et puis c'est tout, qu'elle n'aille rien s'imaginer, dis-je à ma femme, nul geste brutal ou mot grossier n'était la cause de notre peur Mais la peur, ma chère, dis-je à ma femme, fonctionne avec beaucoup de transferts, et justement quand elle se cristallise en ordre du monde, elle n'est souvent plus qu'une superstition. Les professeurs le craignaient, ou du moins, faisaient semblant de le craindre. Il leur servait de référence permanente, sur son passage, ce n'étaient plus que murmures, chuchotements, rangement fébrile. Le dirlo ! Le dirlo arrive ! Il ne venait que rarement. Ses ordres, ses instructions parvenaient de son appartement situé à l'étage, comme d'un donjon, souvent inexprimés, sous la forme, comment dire, de souhaits qu'on lui attribuait et au-devant desquels on allait. Nous vivions sous le signe du donjon, les yeux constamment levés vers le donjon, à l'ombre du donjon que nous épiions d'un air sournois. C'était le règne d'une gravité dont personne ne mettait en doute les fondements, d'une gravité à la fois pesante et arborant le masque d'une joie officielle. L'esprit des règles du jeu, le fair-play, l'esprit des examens qui attendaient les *seniors*, leur baccalauréat. Un esprit moderne. Mais pétri de traditions classiques, d'une espèce de contenu national, de récitations nationales, de deuil national, de résolutions nationales. Je me rappelle les légendes, racontai-je à ma femme, qui circulaient entre nous à propos de plats montés par l'escalier de service qui menait directement au donjon depuis la cuisine qui était au sous-sol ; il se trouvait toujours quelqu'un qui avait justement vu ce qu'on montait au dirlo et à sa famille pour leur déjeuner, leur dîner, tandis que nous, nous avions droit à quelques maigres patates au paprika avec quatre tranches de saucisson ou, le soir, à cinq gâteaux secs avec du thé. Mais le privilège, ma chère, racontai-je à ma femme, nous le savons, ne fait que renforcer l'autorité, et l'admiration mêlée de haine avec laquelle nous, les subordonnés, percevions ce genre de manifestations, seyait très bien à l'ambiguïté générale de notre vie. Et pourtant, racontai-je à ma femme, de temps en temps, cette gravité grinçait, craquait puis s'effondrait, tombait dans un précipice tapissé de ricanements obscènes, et l'on entendait les démons qui y résidaient pousser des cris de joie, mais ensuite, comme un navire de guerre repêché du fond de la mer et qui, bien que réduit à l'état d'épave, reste triomphant, se rétablissait toujours l'ancien règne, le donjon, l'ordre. *Des scandales*, racontai-je à ma femme, on appelait ces chutes irrésistibles des scandales, toujours inattendues et pour ainsi dire voluptueuses, qu'elle pouvait s'imaginer, dis-je à ma femme, comme le comportement d'un gentilhomme ivre qui, après s'être bien tenu pendant assez longtemps, cède soudain à la tentation et, soulagé, s'étale de tout son long, oui, voilà exactement ce qu'étaient ces déraillements, en ajoutant que la sobriété du gentilhomme n'est rien d'autre que déraillement et désorientation, la sobriété dans ce cas n'est qu'un degré supérieur de l'ivresse, dis-je à ma femme. Je lui racontai l'un de ces scandales. L'un des plus significatifs, c'était quand "Galurin", le surgé, un homme sec, déjà âgé, à la poigne de fer passa comme une tempête dans les dortoirs et qu'il constata que l'un d'entre nous manquait, un *senior*, un garçon de dix-sept ans, je vois encore aujourd'hui ses dents blanches, son visage mobile, ses longs cheveux bruns, son rire, dis-je à ma femme. En même temps (mais peut-être plus tôt), il découvrit que la porte de la petite chambre au bout du couloir ne s'ouvrait pas, c'est-à-dire qu'elle était fermée, et de surcroît de l'intérieur. En même temps (mais peut-être plus tôt), la cuisine signala que "la nouvelle" manquait, je me souviens encore aujourd'hui de cette fille, elle servait à table en tablier de bonne, bien qu'en réalité je ne me rappelle que ses mèches blondes bouclées et son sourire assez typique, je dirais archétypal. On disait qu'ils s'étaient enfermés la veille au soir et s'étaient endormis. "Galurin" tambourinait à la porte. On entendit une agitation hésitante et des chuchotements étouffés, et puis plus rien. Ils n'ouvraient pas la porte. "Galurin" menaça les coupables, etc. Bientôt arriva le dirlo, le visage cramoisi, la moustache et la tignasse au vent. Son ventre tressautait et nous, subordonnés goguenards, on se collait au mur pour lui céder le passage. Il secoua la poignée, comme la Gestapo, il frappa à la porte de ses deux poings, comme le mari trompé dans un vaudeville. Ensuite, je ne me souviens plus que du renvoi public (la fille, bien sûr, fut mise à la porte sur-le-champ), du discours emberlificoté, onctueux et sournois, de ce que nous étions tous du côté du *senior*, et que nous nous taisions tous. Naturellement, pourrais-tu dire, dis-je à ma femme. Aujourd'hui je sais sur quoi se fondait ma conscience, mon sentiment de culpabilité, mon horreur et ma honte, cette chose étouffante que je ressentais dans toute cette procédure, à présent je sais à quel rituel j'avais assisté dans cette institution paternelle faite pour remplacer le père : j'avais vu une *castration publique* effectuée dans le but de nous faire peur, *avec notre collaboration*, c'est-à-dire qu'un de nos camarades avait été castré avec notre collaboration, *pour nous faire peur*, c'est-à-dire que par cet acte, on avait fait de nous les participants infiniment pervers d'un acte infiniment pervers, dis-je à ma femme, et il est absolument égal, dis-je encore à ma femme, de savoir s'ils l'ont fait sciemment ou simplement par habitude, par une *habituelle méthode d'éducation*, par l'habitude destructrice d'une éducation destructrice. Ou par exemple le *rapport*, tous les samedis après-midi, dis-je à ma femme. Elle devait se le figurer, lui dis-je. D'abord on sortait du réfectoire quelques longues tables et on en faisait une seule infiniment longue qu'on recouvrait d'une nappe. Tout cela se déroulait dans la salle de jeu. Alors seulement nous, les élèves, arrivions, pour nous mettre en rang de façon à faire face à la table infiniment longue recouverte d'une nappe, et puis aussi aux chaises placées derrière. L'angoisse commençait déjà à peser sur nous comme une matière palpable. Alors quelqu'un, en général l'un des surveillants de bas rang, mais ce pouvait aussi bien être un membre de haut rang d'une basse catégorie de personnel, apportait un grand livre relié de noir, le *livre de rapports*, et le plaçait au milieu de la table. Puis suivait un nouveau moment d'attente, une attente de plus en plus dépourvue d'espoir, face au livre de rapports silencieux et maléfique qui étalait sa noirceur sur la blancheur de la nappe. A cet instant, à l'instant de l'ébranlement général, des soupirs, oui, de l'effondrement total, le *directeur* entrait en tête du corps enseignant. Ils prenaient place. Silence de mort. Ils chaussaient leurs lunettes. Raclements de gorge, grincements de chaise. Puis, quand la tension était à son comble, le livre noir s'ouvrait, comme le livre de l'Apocalypse. Tous y figuraient, avec toutes leurs fautes (et leurs vertus). Nous étions appelés un par un par notre nom. Le garçon nommé sortait du rang et tremblait, seul dans le vide entre l'autorité qui trônait derrière la table et la chaleur du troupeau qu'il venait de quitter. Il connaissait à peu près ses mérites et ses omissions mais n'en était pas tout à fait sûr et se tenait prêt à toutes les surprises. Le dirlo lisait en silence les remarques de la semaine qui concernaient l'élève, se tournait à droite, à gauche, se concertait en chuchotant avec les professeurs qui penchaient vers lui qui sa bouche qui son oreille, puis le verdict tombait. Ce pouvait être une punition, des félicitations, une réprimande, l'élève pouvait être donné en exemple aux autres ou être privé de la sortie du samedi, voire du dimanche. Pourtant, ce n'est pas l'acte en soi qui comptait mais la *démarche*, dis-je à ma femme. Je sentais que je ne devrais peut-être pas raconter toutes ces choses à ma femme, du moins pas comme je le faisais, c'est-à-dire en ne parlant de rien d'autre pendant des jours, des semaines entières, parce que vraisemblablement je l'ennuyais, et il est absolument sûr que je la tourmentais avec cela, tout comme je me tourmentais moi-même, bien sûr beaucoup moins qu'elle, plus précisément, je me tourmentais non seulement moins mais encore différemment, d'une façon pour ainsi dire plus fertile que je ne la tourmentais et, pendant que je parlais, pendant que je racontais mon enfance à ma femme, je sentais déjà clairement enfler, gonfler, se tendre en moi un abcès très ancien de mon enfance brusquement enflammé par un nouveau danger, un abcès qui voulait crever et qui finit par le faire, donc en parlant, c'est vrai, je me tourmentais moi-même, cependant parler me soulageait, à travers ce tourment. Cet acte était, dis-je à ma femme, comme un jugement divin, ainsi qu'un caporal, disons, se l'imagine, dis-je à ma femme, oui, cet acte était comme un appel à Auschwitz, pas encore pour de vrai, bien sûr, seulement pour rire, dis-je à ma femme. Plus tard j'ai appris que le dirlo était parti en fumée là-bas, dans un four crématoire, et si je dois ressentir ce fait comme pour ainsi dire sa justification définitive, alors, très vraisemblablement, ce sera toujours le fruit de l'éducation efficace qu'il m'a donnée, de la *culture* à laquelle il croyait et à laquelle sa pédagogie nous préparait, dis-je à ma femme. Puis, je suis soudain passé du monde de la dictature pédagogique que sa nature froide et impersonnelle rendait prévisible à une terreur chaleureuse, puisque quand j'ai eu dix ans, mon père m'a pris chez lui, racontai-je à ma femme. Vers cette époque, me souvient-il, j'ai essayé à plusieurs reprises de formuler par écrit mon père et mes sentiments relatifs à mon père, de décrire les rapports, comment dire, complexes au possible que j'avais avec mon père, d'en donner une image au moins assez précise, même si elle n'est pas juste, car comment pourrions-nous être juste avec notre père, comment pourrions-nous être juste avec cette vérité même, puisque pour moi n'existe qu'une seule vérité, *ma vérité à moi*, et même si c'est une erreur, oui, seule mon erreur est ma vie, mon Dieu ! ma vie la nomme seule vérité, j'essayais donc de donner une image au moins acceptable, dis-je, de mon père et de mes sentiments relatifs à mon père, mais cela n'a jamais réussi, et aujourd'hui je sais que cela ne pourra jamais réussir, et aussi je sais presque, en tout cas je m'en doute ou au moins je le soupçonne, que depuis je ne fais plus que ça, et maintenant aussi, comme toujours en définitive, je le fais en vain. "Je dois me rendre capable de réfléchir à quel point il lui était impossible de trouver le chemin qui menait vers moi...", écrivais-je par exemple. "Manifestement il était lié à moi comme à lui-même par un lien angoissant qu'il appelait manifestement affection, et croyait être cela, et c'en était, si nous acceptons ce mot dans son absurdité et passons outre son contenu tyrannique...", écrivais-je. A l'internat, j'avais affaire à une loi que je craignais, certes, mais que je n'ai jamais respectée, dis-je à ma femme. En fait, elle portait le masque de la chance, elle s'abattait sur moi ou me favorisait, mais en aucun cas n'atteignait ma conscience : je ne suis devenu un véritable coupable que sous le joug de l'affection, dis-je à ma femme. Cette période de mon enfance m'a précipité dans la crise la plus stupide, je vivais dans un monde de croyances animistes comme les hommes préhistoriques, mes pensées étaient entourées d'un tel tabou que j'en étais déjà à leur attribuer une force matérielle, je croyais à leur toute-puissance, dis-je à ma femme. Mais cependant, sans aucun doute sous l'influence de mon père, j'ai découvert un Tout-Puissant qui connaît mes pensées dès leur conception et les met sur la balance, alors que j'étais souvent assailli par des pensées impossibles à peser. Par exemple, mon père avait l'habitude de me faire des recommandations, dis-je à ma femme. Il lui était alors impossible d'éviter les répétitions, et donc, dis-je à ma femme, je savais toujours ce qu'il allait dire, je le devançais en secret dans son discours comme dans une espèce de récitation, et lui répétait docilement après moi : pour un instant je retrouvais ma liberté, mais j'avais la chair de poule, dis-je à ma femme. J'essayais désespérément de m'accrocher à quelque chose, il me suffisait de remarquer son col de chemise gauchement corné, la solitude de sa main quelque peu tremblante, les rides d'effort sur son front, toute sa souffrance inutile – n'importe quoi qui finît par m'attendrir et me rendît friable, comme une éponge desséchée. Alors finalement je pouvais prononcer en moi-même la parole salvatrice, un mot de bref triomphe mais aussi de retraite urgente : *Le pauvre*... L'éponge commençait à gonfler, mon propre attendrissement m'émouvait aux larmes et ainsi, je remboursais une partie de la dette que l'affection de mon père faisait peser sur moi. Je ne sais pas, répondis-je à ma femme qui me posa alors cette question, par-delà tout, malgré tout et vu la bi-, voire la polysémie du mot, si je l'aimais quand même, et surtout il me serait difficile de le savoir, parce que confronté à tant de reproches et à tant d'exigences, j'ai toujours su, senti, vu, ou du moins *je devais* savoir, sentir et voir que je ne l'aimais pas, ou du moins pas bien, pas *assez*, et comme je ne *pouvais* pas l'aimer, je ne l'aimais vraisemblablement pas, dis-je à ma femme, et d'après moi, dis-je à ma femme, c'était bien comme ça, pour m'exprimer sans détours, c'était prévu comme ça, dis-je à ma femme, puisque c'était pour nous la seule et unique façon de réaliser *notre existence idéalement conventionnelle.* Le pouvoir est incontestable, ses lois selon lesquelles il nous faut vivre sont incontestables, mais nous ne pouvons jamais les satisfaire pleinement : nous sommes toujours coupables devant notre père et devant Dieu, dis-je à ma femme. En fin de compte, mon père me préparait à la même *culture* que l'internat, il réfléchissait aussi peu à ses objectifs que moi à mon insoumission, ma désobéissance, mes défaites : nous ne nous comprenions pas, certes, mais notre collaboration était parfaite, dis-je à ma femme. Et si je ne sais plus si je l'aimais ou pas, il n'en reste pas moins vrai que souvent, j'avais de la peine pour lui, sincèrement, de tout mon cœur : mais s'il me faisait de la peine parce que je l'avais rendu ridicule et si donc de cette façon – en secret, toujours dans le plus grand secret – j'ébranlais le pouvoir paternel, l'autorité, le dieu, alors non seulement lui – mon père – perdait son pouvoir sur moi, mais moi aussi je tremblais de solitude, dis-je à ma femme. J'avais besoin d'un despote pour que mon monde se remette en ordre, dis-je à ma femme, mais mon père n'a jamais essayé de remplacer mon ordre du monde usurpatoire par un autre, celui par exemple de notre asservissement réciproque, c'est-à-dire celui de la vérité, dis-je à ma femme. Et par la suite, après avoir été un mauvais fils et un mauvais élève, je suis devenu un mauvais juif, dis-je à ma femme. Ma judéité est restée une vague circonstance de naissance, une faute de plus parmi tant d'autres, une femme chauve en robe de chambre rouge devant son miroir, dis-je à ma femme. Je dis encore beaucoup de choses à ma femme, bien sûr, je ne me souviens plus de tout. Je me rappelle l'avoir épuisée, comme je m'étais fatigué moi-même, et comme je le suis toujours. Auschwitz, dis-je à ma femme, m'est apparu par la suite comme une exacerbation des vertus qu'on m'inculquait depuis ma prime jeunesse. Oui, c'est alors, durant mon enfance, durant mon éducation qu'a commencé mon impardonnable anéantissement, ma survie jamais survécue, dis-je à ma femme. J'ai pris une part modeste et pas toujours très efficace au complot silencieux ourdi contre ma vie, dis-je à ma femme. Auschwitz, dis-je à ma femme, représente pour moi l'image du père, oui, le père et Auschwitz éveillent en moi les mêmes échos, dis-je à ma femme. Et s'il est vrai que Dieu est un père sublimé, alors Dieu s'est révélé à moi sous la forme d'Auschwitz, dis-je à ma femme. Quand je finis par me taire après ce long discours et gardai le silence pendant des jours, ma femme paraissait exténuée, certes, mais elle semblait ne pas avoir compris ce que j'avais dit, plus précisément, ne pas avoir saisi ce que j'avais dit comme je l'avais dit, c'est-à-dire qu'elle semblait ne pas avoir remarqué que je dirigeais – et j'avais beau le savoir moi-même, bien sûr : sans raison (et c'est le moins que je puisse en dire) –, que sans raison, cruellement et vraisemblablement seulement parce qu'elle m'avait écouté jusqu'au bout, je dirigeais toute ma colère contre elle, et pour ne pas avoir à employer le mot de révolte en ce lieu, dans cette circonstance où il ne serait pas à sa place, je préfère dire que ma femme semblait peut-être croire qu'après avoir raconté, extériorisé, vomi tout cela, je m'en étais *libéré*, oui, comme si je pouvais m'en libérer, comme si on pouvait me libérer de tout ça, voilà ce qu'elle devait penser, pensais-je, en remarquant ses quelques tentatives, à vrai dire hésitantes, de se rapprocher, de se rapprocher de moi avec *compréhension*. Naturellement, je refusai ; naturellement, je ne pouvais souffrir la moindre *compréhension* qui n'aurait fait que confirmer ma détresse. Mais ce n'était rien par rapport à cette compréhension foudroyante qui jaillit vraisemblablement de ma seule *démarche*, de la façon dont j'avais traité ma femme, ou, oui, en cette dernière heure de ma nuit scintillante je dois employer le mot juste car c'est le seul mot purifiant pour dire comment je l'ai traitée : oui, le fait d'avoir été si cruel, si *intimement cruel* avec elle, la rend en même temps et une fois pour toutes inacceptable à mes yeux, en un certain sens, j'exagère bien sûr, j'exagère en disant qu'en un certain sens, c'est comme si je l'avais tuée, qu'elle était devenue un témoin, et m'avait vu en action, m'avait vu tuer un homme ; et il semble que je ne le lui pardonnerai jamais. Il est inutile que je dise en ce moment combien de temps nous avons vécu, nous avons pu vivre ainsi, l'un à côté de l'autre sans dire un mot. J'étais profondément déprimé, impuissant et abandonné, à un tel point que cela s'avérait incompensable, c'est-à-dire que cela ne faisait plus avancer mon *travail*, au contraire, ça le paralysait totalement. Je ne suis pas tout à fait sûr si, tout en forgeant contre elle des reproches, tout un tissu de reproches – naturellement –, je n'attendais pas malgré tout en secret que ma femme me vienne en aide ; si c'était le cas, à mon avis, je ne le manifestais pas. Un jour, c'était le soir si je me souviens bien, et il est tout à fait sûr que je me souviens bien, il était déjà tard, ma femme venait juste de rentrer à la maison, je ne sais pas, je ne le lui posai pas de question, je ne lui demandai même pas d'où elle venait, elle était belle et furtivement, comme la foudre qui jaillit des nuages épais, une pensée naturelle, honteuse et triste me passa par la tête : “La belle juive !” alors qu'elle venait et il semblait qu'elle franchissait un tapis bleu-vert comme si elle marchait sur la mer, et ce soir-là, ma femme rompit le silence, notre silence. Elle dit qu'il était déjà tard, mais qu'elle voyait que je lisais encore. Elle regrettait, dit ma femme, mais elle avait été retenue par une occupation, mais cela ne m'intéressait vraisemblablement pas. Que je sois assis à lire, que je lise ou écrive, lise *et* écrive, revient au même, dit ma femme. Oui, dit ma femme, tout ça lui avait servi de leçon, tout ça, c'est-à-dire notre mariage. A travers moi, dit ma femme, elle avait compris et vécu tout ce qu'elle n'avait pas compris et n'avait pas voulu comprendre dans ce qu'avaient vécu ses parents. Non, parce que si à l'époque où elle était jeune fille, elle avait compris tout cela, cela l'aurait tout simplement tuée, à présent elle le savait. Ma femme dit qu'en secret, au fond de son âme, elle s'était longtemps crue lâche, mais maintenant elle savait, et les nombreuses années passées avec moi lui avaient été d'un grand secours, maintenant donc elle savait qu'elle voulait simplement vivre, qu'elle devait vivre. Et maintenant encore, dit ma femme, tout en elle disait qu'elle voulait vivre. Elle avait de la peine pour moi, elle regrettait surtout que sa peine fût si impuissante ; mais elle avait fait tout son possible pour *me sauver* (et moi je me taisais, bien que son vocabulaire me surprît). Rien que par reconnaissance, poursuivit ma femme, puisque c'était moi qui lui avais montré le chemin qu'ensuite je n'avais pas su faire avec elle, car plus fortes que ma raison sont ces blessures que je porte en moi, même si je réussissais à les guérir, il lui semblait que je *n'avais pas voulu* et que je ne voulais toujours pas guérir, et qu'elles nous avaient coûté notre amour, notre mariage. Elle répéta qu'elle avait de la peine pour moi, elle dit qu'on m'avait brisé, qu'elle n'avait pas vu tout de suite que j'avais effectivement été brisé, au contraire, dit ma femme, au début ce qu'elle *admirait en moi*, c'est qu'ils m'avaient brisé, certes, mais que je n'avais quand même pas été brisé, voilà comment elle me voyait alors, mais qu'elle se fût trompée, dit ma femme, n'était pas encore si grave, et cela n'avait pas suscité en elle de sentiment de déception, bien qu'il fût hors de doute que ça l'avait fait souffrir, dit ma femme. Elle répéta qu'elle avait voulu me sauver, mais que la stérilité de ses efforts, de son affection et de son amour avait petit à petit tué son affection et son amour pour moi et n'avait laissé en elle qu'un sentiment de stérilité, de vanité et de malheur. Elle dit que j'avais toujours beaucoup parlé de la liberté, mais que la liberté que j'invoquais sans cesse ne signifiait pas pour moi, dit ma femme, la liberté de ma vocation, la liberté de *l'artiste* (elle employa ce mot), si par liberté nous comprenons ce qui est vaste, fort, accueillant et dont fait partie l'acceptation, oui, *l'affection*, dit ma femme ; non, ma liberté était véritablement une liberté dirigée *contre* quelqu'un ou quelque chose, contre quelques-uns et quelques choses, dit ma femme, une attaque ou une fuite, ou les deux à la fois, et sans cela elle n'existait pas en fait, parce que – semble-t-il – ma liberté ne peut même pas exister, dit ma femme. Et ainsi, si ces quelques-uns et quelques choses n'étaient pas donnés, alors j'inventais, je créais ce genre de relation, dit ma femme, pour avoir quoi fuir, ou pour avoir avec quoi me confronter. Et que, par cruauté et fourberie, je lui avais attribué depuis des années ce rôle (imitant ma façon de parler) monstrueux, pour être tout à fait sincère : ce rôle *honteux*, dit ma femme, mais non comme un amoureux qui, cherchant un soutien, l'attribue à l'autre, pas même comme le malade à son médecin, non, dit ma femme, je lui avais attribué ce rôle (pour que revive l'un de mes mots préférés), comme le bourreau à sa victime, dit ma femme. Elle dit que je l'avais terrassée avec mon esprit, puis que j'avais éveillé en elle la compassion et qu'après avoir éveillé sa compassion, je l'avais transformée en auditrice, en auditrice de mon enfance terrible et de mes histoires abominables, et quand elle avait voulu devenir partie prenante de mes histoires pour me sortir de l'impasse qu'elles représentaient, de ce bourbier, de cette vase, et me conduire vers elle, vers son amour, pour qu'ensuite nous sortions *ensemble* de ce marais et le laissions pour toujours derrière nous comme le mauvais souvenir d'une maladie : alors j'avais soudain lâché sa main (c'est ainsi que s'exprima ma femme) et j'avais pris mes jambes à mon cou pour retourner dans le marais, et elle n'avait plus la force, dit ma femme, de me suivre une deuxième fois, et qui sait combien de fois encore, pour me ressortir de là. Car il semblait, dit ma femme, que je ne voulais même pas me dégager de là, à l'évidence, il n'existait pas pour moi de chemin menant hors de ma terrible enfance et de mes histoires abominables, quoi qu'elle fît, dit ma femme, et même si elle sacrifiait sa vie pour moi, elle savait, elle voyait qu'elle le ferait pour rien, en vain. Quand nous étions tombés l'un sur l'autre (ma femme employa ce mot), il lui avait semblé que je lui *apprenais* à vivre, ensuite elle avait vu avec horreur quelle force destructrice il y avait en moi et qu'à mes côtés ce n'était pas la vie qui l'attendait, mais la destruction. La conscience morbide, dit ma femme, voilà la cause, c'était une conscience morbide et empoisonnée, répétait-elle encore et encore, empoisonnée pour toujours, une conscience nocive et contagieuse que, dit ma femme, il faut faire disparaître, oui, dit ma femme, il faut s'en libérer, s'en détacher si on veut vivre et elle avait décidé, répéta-t-elle, qu'elle voulait vivre. Puis ma femme se tut un instant et comme elle se tenait debout, haussant un peu les épaules, les bras croisés, seule, hagarde, pâle, barbouillée de rouge à lèvres, soudain, ou disons inévitablement, je fus assailli par la pensée attentionnée qu'elle avait peut-être froid. Et alors, vite et sèchement, comme une mauvaise nouvelle qui perdrait son goût désagréable dès qu'elle l'aurait partagée avec moi, elle dit encore que, oui, le dissimuler n'avait pas de sens, "il y avait quelqu'un", et ils pensaient se marier. Et *lui*, dit-elle encore, n'était pas juif. C'est peut-être curieux, mais je ne pris la parole qu'à ce moment-là, comme si dans tout ce qu'avait dit ma femme, je n'avais trouvé blessant que ce seul point. Pour qui me prenait-elle, peut-être pour un raciste en négatif ?! m'écriai-je alors. Je n'avais pas eu besoin d'être à Auschwitz, m'écriai-je, pour connaître cette époque et ce monde et pour ne plus renier ce que j'avais connu, m'écriai-je, pour ne plus le renier au nom d'un principe de vie comprise d'une façon quelque peu étrange, je l'admets, mais surtout pratique, et qui n'était en définitive qu'un principe d'adaptation, d'accord, m'écriai-je, rien à redire, mais soyons lucides, m'écriai-je, oui, soyons lucides, *l'assimilation* n'est pas l'assimilation d'une race – d'une race ! laisse-moi rire ! – à une autre race – laisse-moi rire ! – mais *l'assimilation totale* à ce qui existe, aux conditions et aux rapports existants, m'écriai-je, peu importe quelles conditions et quels rapports, il est inutile de les définir, ils sont comme ils sont, il importe seulement de définir notre *décision*, mais alors il faut et il est même *obligatoire* de définir notre décision d'accomplir l'assimilation totale ou notre décision de ne pas l'accomplir, m'écriai-je, mais vraisemblablement moins fort, puis il faut, il est même *obligatoire* de définir nos capacités à accomplir ou pas l'assimilation totale, et dès ma prime jeunesse je voyais clairement que j'en étais incapable, je suis incapable de m'adapter à ce qui existe, à ce qui est, à la *vie*, et malgré cela, m'écriai-je, j'existe quand même, je suis et je vis tout en sachant que j'en suis incapable, comme je le voyais déjà clairement dès ma prime jeunesse : l'assimilation me tuerait plus vite que la non-assimilation, qui me tue de toute façon. Et de ce point de vue, il est parfaitement égal que je sois juif ou non, bien que la judéité soit ici, c'est indiscutable, un grand avantage, et de ce point de vue, mais le comprenait-elle ?! m'écriai-je, *uniquement et exclusivement de cet* unique *point de vue*, j'accepte d'être juif, exclusivement de cet unique point de vue je considère comme une chance, une chance particulière et même une *grâce*, non le fait d'être juif, parce que je me fiche, m'écriai-je, de ce que je suis, mais d'avoir pu être à Auschwitz en tant que juif stigmatisé et d'avoir, par ma judéité, vécu quelque chose, d'avoir vu quelque chose de mes yeux, et de savoir une fois pour toutes et irrévocablement quelque chose dont je ne démordrai jamais, jamais, m'écriai-je. Je me tus bientôt. Ensuite nous avons divorcé. Et si je ne considère pas les années qui ont suivi cela comme des années arides, désertiques, c'est uniquement parce qu'au cours de ces années, comme d'ailleurs toujours – depuis, avant et naturellement pendant mon mariage –, j'ai *travaillé*, oui, mon travail m'a sauvé, même si en réalité il ne m'a sauvé que pour la destruction. Au cours de ces années je suis arrivé non seulement à quelques prises de conscience décisives, mais j'ai aussi pris conscience du fait que mes prises de conscience s'enchevêtraient et se mêlaient intimement à mon destin. Au cours de ces années j'ai pris conscience de la nature véritable de mon travail qui n'est fondamentalement rien d'autre que de creuser, continuer et finir de creuser cette tombe que d'autres ont commencé à creuser pour moi dans les nuages, dans les vents, dans le néant. Au cours de ces années j'ai rêvé un devoir et un espoir secret que j'avais déjà rêvé, et je sais maintenant qu'il reposait sur l'exemple de "monsieur l'instituteur". Au cours de ces années, j'ai pris conscience de ma vie, d'une part en tant que fait, d'autre part en tant que *forme d'être spirituelle*, plus précisément forme d'être d'une survie qui ne survit pas, qui ne veut et vraisemblablement ne peut pas survivre, qui malgré tout exige son dû, à savoir d'*être formée* comme un objet arrondi, durci, pour finalement *subsister* de cette façon, peu importe pour quoi, peu importe pour qui – *pour tous et pour personne*, pour celui qui est ou n'est pas, cela revient au même, pour celui qui aura honte à cause de nous et (éventuellement) pour nous ; que cependant, en tant que *fait* pur et simple de la survie, je fais disparaître et liquide, même et alors seulement pour de vrai, s'il se trouve que je suis ce fait. Au cours de ces années, j'ai rencontré M. Obláth dans la forêt. Au cours de ces années, j'ai commencé à écrire mes notes sur mon mariage. Au cours de ces années, ma femme est réapparue. Une fois, alors que je l'attendais dans le café habituel avec l'espoir de recevoir de nouvelles ordonnances, elle est venue en tenant deux enfants par la main. Une petite fille avec des yeux bruns, de pâles taches de rousseur aux environs du nez, et un garçon têtu aux yeux durs comme des cailloux bleu-gris. *Dites bonjour au monsieur*, leur a-t-elle dit. Ça m'a parfaitement dégrisé, une bonne fois pour toutes. Parfois, comme une martre pelée qui aurait survécu à la grande extermination, je traverse encore la ville. A certains bruits, certaines images, je dresse l'oreille comme si mes sens engourdis et encroûtés étaient agressés par l'odeur des bribes de souvenirs. A côté de certaines maisons, à certains coins de rues, je m'arrête, terrifié, les narines dilatées, je scrute les alentours d'un œil effrayé, je veux m'enfuir mais quelque chose me retient. Sous mes pieds bouillonnent les égouts, comme si le torrent sale de mes souvenirs voulait sortir de son lit pour m'engloutir. Qu'il en soit ainsi ; je suis prêt. Dans un dernier, grand résumé j'ai montré ma vie faillible, opiniâtre – je l'ai montrée pour ensuite, portant le baluchon de cette vie dans mes deux mains tendues, m'en aller et, comme dans l'eau noire et tempétueuse d'un torrent,

sombrer,
mon Dieu !
faites que je sombre
pour l'éternité,

Amen.

BABEL

Extrait du catalogue

601. LAURENT SAGALOVITSCH
La Canne de Virginia

602. JULIEN BURGONDE
Icare et la flûte enchantée

603. DON DELILLO
Body Art

604. JOSÉ CARLOS SOMOZA
La Caverne des idées

605. HELLA S. HAASSE
Locataires et sous-locataires

606. HODA BARAKAT
Le Laboureur des eaux

607. INTERNATIONALE DE L'IMAGINAIRE N° 16
Politique culturelle internationale

608. TORGNY LINDGREN
Paula ou l'Eloge de la vérité

COÉDITION ACTES SUD – LEMÉAC

Ouvrage réalisé par l'Atelier graphique Actes Sud. Achevé d'imprimer en décembre 2004 par Bussière à Saint-Amand-Montrond (Cher) pour le compte d'ACTES SUD Le Méjan Place Nina-Berberova 13200 Arles.
N° d'éditeur : 5229
Dépôt légal 1re édition : novembre 2003. N° impr. : 044942/1.
(Imprimé en France)